MUD & MALAB

MIID & MALAB

CABDALLAH IBN AL-MUQAFAC

Tarjumay
MAXAMMED GAANNI

LOOH PRESS

1444/2024

LOOH PRESS LTD.

Copyright Maxammed Gaanni 2024
Dhowran Maxammed Gaanni 2024
First Edition, First Print February 2014
Soo Saariddii Kowaad, Daabacaaddii Kowaad Fabraayo, 20214

Looh Press Ltd.
56 Lethbridge Close
Leicester, LE1 2EB
England. UK
www.LoohPress.com
LoohPress@gmail.com

Naqshadaynta (Typesetting) | Kusmin (Looh Press)
Galka (Cover) | Maxamed C. Cartan (Looh Press)

Cinwaankan wuxuu ka diiwan geshanyahay Maktabada Birittan
A catalogue record of this title is available from the British Library.

ISBN: 978-1-912411-02-3 | Gal khafiif (Paperback)

بسم الله الرحمن الرحيم

Waxaan ku bilaabayaa magaca
Allaha naxariista badan, uumiyaha oo
dhan ku gallada inta dunida guudkeeda la
joogo, adoommadiisa suubbanna aakhiro ku
gooni yeela.

TUSMO

Waxaan u hibaynayaa turjumaadda buuggaan qoraagiisii carabiga ku lahaa abaalka, hoggaankii carbeed ee uu aawadood aqoonta afcarabiga ugu soo afnaqay, qaarna uu u curiyayna ay si xil leh u dileen. Waxaan kale oo u hibaynayaa cid walba oo qalinkeeda abaal ku gasha, ummaddooduna aanay siin qaddarin u qalanta. Waxaan ku maammusayaa cid walba oo qalinkeeda u shahiidda ama gardarro la gu maago, naftooda oo la gooyo iyo magacooda oo la dilana la isu gu daro ama middood. Ugu dambaynna waxaan u hibaynayaa saaxiib walba oo daacadnimo iyo nafhurba leh iyo ruux walba oo aan guul wade noqon asaga oo siyaasiinta ku laban!

*M*ahad oo dhan Alle ayaa leh, cid walba oo buuggaan iga saacidday si uun oo aan ka xusi karo. Mukhtaar Cali Khaalid iyo C/shakuur C/raxmaan (Diinaar Garyare) oo isu eegay turjumaadda iyo asalkii carabiga, sixidda buuggana kaalin weyn ka qaatay, iyo Maxammed Xariir oo akhriyay, sixidda buuggana kaalig mug weyn leh ka qaatayba, waa ay mahadsan yihiin.

Waxaan sidaa oo kale qaddarin u hayaa, una mahadcelinayaa ustaad Muxammad Cartan oo jaldiga buugga, quraariddiisa iyo in ay LoohPress daabacdaba ku sooray, una gartay in uu yahay buug u qalma in ay madbacaddu bulshada soomaaliyeed u soo gelbiso.

Akhrsite walba oo waqti u hurayna waa uu mahadsan yahay. Akhriste, waxaad mar walba tahay shidaalka keliya ee qalinka ii dira, igu na khasba in aanan la hor imaan wax kala qalan ama qalqalloocan.

Mahadsanidiin

*A*adane dhammays ah ma jiro, shaqo uu qabtayna qabyo iyo qalad la ga ma waayee, wixii aan ku gefay, wixii aan ku dhacay iyo wixii aan ka gaabiyayba-Allaha iga cafiyee, ii sheeg, ummaddana la wadaag. Waa ballan oo wax baan ka qaban, in shaa Allaah.

Wixii aad ku aragti [ ] labadaan qoys dhexdooda ama cagdhigyo ku summadan xarafka 'T' waa wax aan ku daray, ii gu na muuqday lamahuraan.

Cabdullaahi bin Muqafac ama Muqafic waxa uu ka soo jeedaa iiraan oo waa reer Faaris, waxa uuna dhashay asaga oo majuusi ah. Islaannimadiisa ka hor waxaa la dhihi jiray Roosbe, naynaastiisana Abaa-Cumar. Markii uu islaamay waxa uu la baxay Cabdullaahi, naynaasna waxaa u baxay Abuu Muxammad.

Naynaastiisa ina Muqafac waxay ka timid aabbihi Daadweeh oo masuulka dakhliga carriga Faaris u ahaa dilaagii weynaa ee Xajaaj, deetana hantidii dawladda ayaa uu farafareeyay, Xajaajna gacmaha ayaa uu ka garaacay jeer ay qac ka yeertay oo ay malaha jabeen, sidaana waxaa loo gu bixiyay 'Muqafac' oo aan isleeyahay waxay ka dhigan tahay 'Qacle', wiilkiisa Cabdullaahina waxa uu ku caanbaxay 'Ibni al-Muqafac'.

Ina Muqafac waxaa uu ku hor islaamay Ciise bin Cali oo adeer u ahaa labadii khaliif ee Cabbaasiyiinta ugu horreeyay ee Safaax iyo Abii-Jacfar al-Mansuur. Waxa uu sidiisa ahaanna ku barbaaray oo ay ku tirsanaayeen reer Ahtam oo ahaa dad aftahamo iyo codkarnimo caan ku ahaa, waxayna tani saamayn ballaaran ku yeelatay barbaarintiisa iyo heerka sare ee uu ka gaaray suugaanta.

Waxa uu wax u qori jiray Daa'uud bin Hubayra, deetana Mansuur adeerkii Ciise bin Calin bin Cabdillaahi markii uu xukumay Karmaan, ka dibna walaalkii Sulaymaan bin Cali markii uu xukumay Basra. Muddadaas ayaa waxaa dhacday in Cabdillaahi bin Cali uu ka hor yimid wiilkii uu adeerka u ahaa ee Mansuur, deetana Mansuur ayaa ku duulay oo bursaday, waxa uuna magansaday walaalihii Sulaymaan iyo Ciise oo Basra joogay. Mansuur waxa uu ka dalbaday in ay soo dhiibaan, laakiin way ka diideen jeer uu siiyo magangelin ay ayagu shuruudda u dhigayaan. Mansuur wuu ku raalli noqday waxa uuna Ina Muqafac u diray in uu magangalyadaas qoro, asna aad buu Mansuur ugu adkeeyay ilaa xad uu madaxa gashaday oo uu shar si hoose ugu maleegay. Waxa uu aad uga cuqdadoobay waxay ahayd baa la yiri eray uu ku daray qoraalka ballantaas oo ahayd 'hadii uu amiirka muuminiintu ku ballanfuro adeerkii Cabdullaahi bin Cali, haweenkiisu waa ay ka furmayaan, gaadiidkiisa waa la xabbisayaa, addoommadiisu waa wada xor, muslimiintuna waa ay ka furdaansamayaan ballankii addeeciddiisa'.

Mansuur waxa uu Basra ka qaaday adeerkii, waxa uuna u dhiibay Sufyaan bin Mucaawiye, deetana Ina Muqafac ayaa ku jeestayn jiray, si gaar ahna sankiisa weyn. Asna wuu ka cuqdadoodabay. Maalin uun buu Ina Muqfac galay guriga Sufyaan, ka mana uusan soo bixin, oo Sufyaan baa dilay, waxaana la sheegaa in dilkiisa uu Mansuur qayb ka ahaa. Waxyaalaha uu Ina Muqafac ugu jeestayn jiray Sufyaan waxaa ka mid ahaa in uu hooyadii sharmuuto ku sheegi jiray. Maalintaa markii uu u yimid ayaa uu ku yiri: waxaad hooyaday ku sheegi jirtay ma xusuusataa? Asna waxa uu ku yiri: Ilaah baan kugu dhaariyay e, naftayda u tur amiiryahow. Asna wuxuu yiri: hooyaday waa sharmuuto haddii aanan kuu dilin si aan weligeeda qof loo dilin. Wuxuu amray in foorno la shido, ka dibna in xubin xubin inta loo jaro dabka la gu rido. Sidaa ayuu u galay oo uu daawanayay jeer lagu dhammaystiray foornada oo uu ku daboolay. Waxa uu yiri: in aan ku xubno jaray dhib uma arko-illeen uurkugaal dadka fasahaadiyay baad tahay e. Waxay ahayd sannadkii 142-dii hijriga, waxa uuna dhashay 106-dii hijriga oo waxa uu noolaaba soddon iyo lix sannadood. Dadka qaar ayaa sheega in ay ahayd 145-tii oo uu ku dhintay soddon iyo sagaal jir.[1]

Uurkugaalnimada ay ku sheegeen Ina Muqafac la gu ma hayo qoraalladii aqooneed ee uu ka tegay iyo hawraarradii la ga soo weriyay toonna. Sida ka muuqata qoraalladiisa oo uu buuggaani ka mid yahay waxa uu ahaa muumin Eebbe yaqaanna, diintuna u tahay nimco qof la siiyo tan ugu weyn. Waxay ahayd dhaqan waayadaa jiray, welina jira in ciddii mandiq iyo falsafad lagu arko lagu tilmaamo uurkugaalnimo-dabcan, wax baa ka jira qaarkeed, laakiin cid walba oo ku fooggan khasab ma aha in ay qaaddo waddada gaalnimo ee marinkaa ku duugan ee hareer socota. Waxaa kale oo waayada dhaqan ahayd, welina sii jirta, in xukunnada kelitaliska ah ay ciddii ay kahdaan ama ay aragti ku diidaan ay u falkiyaan tuhmad ay dhiiggiisa ku xalaashadaan, ra'yalcaamkii ka dhiidhin lahaa ama ugu yaraan kahan lahaana ay dhegaha u geliyaan eed hoos u dhigta dareenkooda ama ba ka dhaadhicisa in dilka ruuxaas ama xariggiisu aanay dhib ahayn e, ay danta bulshadu ku jirto. Mansuur iyo kooxdiisuna sidaa ayaa ay u adeegsadeen, weliba ayada oo ay jirto sida ay cabbaasiyiintu dhiig daadinta ugu talaxtagi jireen.

Waxa uu ahaa suugaanyahan afka carabiga ku leh abaal, tiraab suugaaneedkiisana gaarsiiyay heer usan waagiisa joogin. Si walba oo ay u dhahaan waa uu ka xaglin jiray saqaafadda carabta oo tan ciddiisa reer faaris ayaa uu uga hiilin jiray, haddana waxaan shaki

---

1 Isku qooshidda sooyaalka ay labada dabcadood ee Daar al-Kitaab al-Carabi iyo Daaru Beyruud ay ku aftaxeen daabacaadahooda.

ku jirin in uu carab sidaa ku andacoota uu ka ga abaal weyn yahay, ka ga na waxtar badan yahay. Tiraabsuugaaneedka carabiga ku qoran marka la tilmaamayo, qoraallada Ina Muqafac waxay ka ga jiraan baarka sare, waxa keli ah ee la gu qoonsadayna waa in uusan daliil badanaa u soo qaadan gabayadii iyo dhacdooyinkii carbeed. Yeelkadeed e, waxa uu ka tegay qoraallo badan, waxa uuna ahaa qofkii ugu horreeyay ee mandiqii giriigga carabi u soo turjumay, waxa uuna Mansuur u soo turjumay buugaagta saddexda ah ee mandiqa ee Aristootal, waxa uuna ahaa qofkii hordhaca mandiqa ee ilaa maanta la akhristo ee loo yaqaanno Iisaaquujiga u soo turjumay carabi. Waxa uu afka Faarisiga ka soo turujumay buugaagtiisa kan ugu caansan ee 'Kaliilah wa Dimnah' oo ku saabsan hagaajinta akhlaaqda iyo haadinta caqliga. Waxa uu qoray buugaagta ka la ah Masdak, al-Taaj oo ku saabsan sooyaalkii Anuusharwaan, kitaab uu hindi ku sheegay oo la dhaho 'jawaamic kaliilah wa dimnah', khidaay naamah oo sooyaal ah, iyo buugga Aayiin Naamah. Waxa uu qoray buugaag yaryar oo ay ugu sarreeyaan labadeennaan 'adaabta yar ee aan miid u bixinnay' iyo 'adaabta weyn ee aan malab u bixinnay'. Waxaa kale oo uu qoray al-saxaabah, al-yatiimah, waxa uuna leeyahay gabay dagaalka ku saabsan.

Buuggeennaan labadaa buugyare xambaarsan waxa uu ka sheekaynayo waa edeb uu qoraagu sheegay in uu ka soo minguuriyay dadkii hore, dabcan, sida aan dareemi karnana aan ka marnayn waayo-aragnimadiisii uu ka dhaxlay ku dhexjirkii iyo u adeegiddii hoggaamiyayaal kala duwan. Waxa uu buuggaan ka ga warramayo badi waa hagaajinta nafta iyo waxbariddeeda, sida aad madaxda ula dhaqmaysid oo weliba ku salaysan tii boqortooyada. Buuggaan waxa aynu ugu tegaynaa weero maahmaah noqon kara, murti gaammurtay oo qofkii u dhug yeesha ka saacidaysa in uu wanaajiyo habdhaqankiisa nafeed, bulsheed iyo siyaasadeed.

Waxaa xiise gaar ah leh laba arrimood oo uu si gaara u tilmaamayo oo aan mid ku sheegi karno in qaarkeed ay soo hoos galayso waxa maanta loo yaqaanno baratakoolka oo barid iyo tababbarba loogu qaato jaamacado iyo macadyo waaweyn, qaarkeeda kalana cilmiga siyaasadda. Waxa uu ina Muqafac buuggiisaan ka ga sheekaynayaa xiriirka ka dhexeeya qofka rafiiq la noqda qof xil uun haya ama golihiisa ka tirsan, sida ay tahay in uu isu badbaadiyo, in uu booskiisa xejisto iyo in uusan marna isu dhiibin wanaag uu mar ka arkay qof xil haya oo uusan isdhigan. Sida uu sheegay Ibnil Muqafic ma ay jirto bar cayiman oo u qof xil haya abidki ka ga raalli noqdo qof u dhow, ayna tahay in uu feejignaado oo uusan isku hallayn mid kore oo deetana mid hoose uu yaso ama mid hoose uu isku halleeyo oo uu mid sare maago. Inkasta oo uusan ku guulaysan in uu naftiisa ka bixiyo qof xil haya, dardaarankiisiin uusan si buuxda ugu dhaqmin, haddana waayo-aragnimadiisii hore ee arrintaa ku saabsanayd iyo in la heer ahba waa uu inoo dhiteeyay. Laga yaabee mararka qaar in aad u aragtid in uu guulwadannimo kuu diyaarinayo, ha se ahaatee waxaa taa beddelkeeda aad ka dheehan kartaa in madaxda xilka haysa ay u dulqaadan karaan guulwade qur ah, nafsiyaddooduna aanay aqbali karin cid wax uun ku diidda, sidaa darteedna qofkii doonaya in uu maamuus joogto ah ku yeesho ay tahay in uu ugu horrayn nacamleeyo.

Waxaa isla qaybtaa siyaasadda uu ku sheegaya xilka saaran xilhayaha, habka uu ula dhaqmayo shacabka, saaxiibka, iyo cadowga. Haddii ay culaabtiisu ku sii cuslaato cidda ay tahay in uu magansado ee leh culumo, indheergarad iyo ehlu sharaf, aysan badbaadaduna ku jirin soo dhawaysiga ardaallada.

Tan labaadina waa waxa maanta ka sii idlaanaya dunida ee ah saaxiib aan ku dhisnayn manfac iyo danaysi, aadanaha casriguna ayba sii illaawayaan in saaxiibka ugu mudan ay tahay in uu noqdo saaxiib ah saaxiib ee aan ahayn saaxiib dani keento, dani dayriso, danina ay kaa hor keento. Saaxiib dhiig iyo dhacaan loo huro, dhaqan san iyo dhimrinna la gu dhawro, la gu la socdo, loo na sabro wixii ka yimaada ee aan loo bogin. Waxa uu inoo tilmaamayaa sida lagu xusho, kalsoonida lagu dhiso, la gu dhawro, asaga oo gebegabada inoo gu tusaalaynaya saaxiibkiisa ugu qaalisan dunida oo uusan inoo magacdhabin e, uu inoo ku sawiray sifooyin ina ku riixaya in aan ku taamno helidda saaxiib noocaas ah. Waxa uu buuggaani cashar fiican u yahay jiilka kacaamaya iyo kan sii duqoobayaba, wax badan oo hagaajinta habdhaqanka ahna waa uu ka saacidayaa.

Buugga kaa ga ma warramin, kaa ma fantafantayn, kaa mana farafarayn e, waxaan islahaa in yar oo sii jeclaysiisa qardo ahaan u sii, abaalkeeduna uu noqdo in marka aad akhrinaysid aad si gaar ah ugu dhug yeelatid, sidii buugaagta dhiirrigelintana aadan u akhrin. Sidoo kala na in aadan ka eegin xagasha uu iiga muuqday oo qur ah e, adna aad dhankaaga ka eegtid, oo wixii i baalmaray iyo wixii aan luqunjibbaarayba aad marinkooda qumman qaadsiisid.

Waxaan turjumaadda buuggaan u cuskaday saddex madbacadood oo aan middood xaashi ahaan u haystay, labana pdf ahaan. al-Maktabah al-Casriyah, Daar al-Kitaab al-Carabi, iyo Daaru Beyruud oo saddexduba Lubnaan ah, waxyaalo xoogaa ahna ku kala duwan.

Allaha u raxmado Cabdullaahi bin Muqafac,
Akhris wacan.

MIID

Magaca Allaha naxariista guud iyo tan gaar ahaaneedba leh ayaan ku bilaabayaa

> *Ibni al-Muqafic wuxuu yiri:*

Intaa ka dib,

Uumiye walba waxa uu leeyahay dan, dan walbana yool, yool kastana tub loo maro. Ilaahayna waxaa uu arrimaha uu madaleeyay qaddartooda, ujeeddooyinkana wuxuu u darbay tubtooda, danahana wuxuu ka dhigay sababihii lagu gaari lahaa.

Yoolka dadka iyo dantooduba waa fayoobida noloshooda iyo aakhiradooda, wadiiqada lagu heli karana waa caqliga fayow. Caqli fayoobida astaanta lagu gartana waa in si ka baaraandegis leh lagu kala doorto arrimaha, wixii laga fiirsadayna lagu fuliyo ka go'naansho.

Edebtu caqliga waa ay barbaarisaa

Garaadku waxa uu leeyahay dabeecado iyo abuur uu ku aqbalo edebta, edebtuna caqliga waa ay korisaa, wayna nadiifisaa.

Sida iniinta dhulka lagu aasay aanay u awoodin in ay engaygga iska bi'so oo ay oogada sare u soo baxdo ayada oo dhalaalkeedii, curdiimadeedii, quruxdeedii iyo barbaariddeedii-ba leh jeer ay garabsato biyaha inta gunteeda ugu taga qallaylka ka bi'ya, geerida ka caymiya, Alle idankiisna siiya awood iyo nolol, ayaa ay dabeecadda caqliguna waxaa ay ku duugan tahay booskeeda ay qalbiga kaga tallaalan tahay, oo awood iyo nolol toonna ma leh, waxtarna ma leh jeer ay hawgeliso edebtu oo u ah miro, nolol iyo tallaal.

Edebta badideed waxa ay ku dhisan tahay waa hadalka, hadalka badidiisna waxaa uu ku dhisan yahay barasho. Xarafyadiisa xaraf ka mid ah iyo magac magacyadiisa ka mid ah oo aan la soo werin ma ay jirto, waxaana la ga bartay oo la ga soo minguuriyay aqoonyahan hore, ama hadal hore ama buug hore.

Taasi waxay caddayn u tahay in aanay dadku seeskiisa bilaabin, ogaalkiisuna uusan uga imaan cid aan ka ahayn; Allaha ogaalka iyo xikmadda badan.

Haddii ay dadku rabaan in ay hawl wacan qabtaan ama ay hadal xeeldheer ku hadlaan ha ogaadaan kuwa wax tilmaama ee astura-in qofina haba wanaajiyo oo ha ku xeeldheeraadee uusan waxba dheerayn sida ruux gummadka faraantiga sameeya oo helay yaaquud [sapphire], sabarjad [peridot] iyo marjaan [coral], deetana ka sameeyay kuulo, miiq-kuuleed iyo madax-xir dumar, gummad walbaa meeshiisa dhigay, midab walbana ku biiriyay wax u eg iyo wixii qurux u kordhin lahaa, taa darteedna lagu magacaabay jooharadle xirfad wacan; waxaa kale oo la mid ah sida kuwa dahabka iyo qalinka [silver] dhalaaliya, oo waxaa ay ka sameeyaan agab xarrago iyo weelal ay dadku la yaabeen; waxaa kale oo la mid ah sida shinni heshay miro uu Alle si wanaagsan u bixiyay, deetana qaadday waddooyin uu Alle u sahlay sidaana ay ku samaysantay dawo iyo raashin iyo cabbitaan ayada loo aaneeyo oo lagu sheegsheego arrinkeeda iyo farsamadeedaba. Haddaba qofkii ay carrabkiisa ka soo baxdaan erayo uu u bogayo ama loo bogayo, yuusan isugu bogin sidii oo uu yahay kii curiyay ee unkay, keliyaata waxa uu u xushay sida aan soo sheegnay.

Ku dayashada dadka suusuubban

Qofkii hadal wanaagsan ka qaata cid kale oo u adeegsada halkii uu ku habboonaa iyo qaabkii uu ku habboonaa, ha u qaadan in ay liidashadiisa muujinayso. Qofkii loogu kaalmeeyay qaybidda hadalka qummanayaasha, lagu aaddiyo ku dayashada inta suubban, laguna duwo in uu murtiilayaasha wax ka qaato-in uu kordhiyana khasab ma aha e, wuxuu gaaray yoolkii. Taladiisa dhimaal ku ma aha, xaqiisana liidasho kuma aha in uusan asagu hadalladaas curin oo uusan u horrayn. Waxa keliya ee uu caqligu ku noolaado, ku buuxsamo oo uu ku sugmo waa toddoba arrimood: in uu gacaltooyo ku dooro oo uu qayrkii naftiisa ka hormariyo, doonista in uu ku talaxtago, doorashada in uu ku fara-adaygo, kheyrka in uu qabatimo, agaasin wanaagsan in uu yeesho, faajafaajoodka iyo ka warhaynta wixii uu doortay iyo wixii uu aamminay, iyo mid walba in uu af iyo addinba halkoodii ku dhigo.

Gacaltooyadu waxay qofka gaarsiisaa wax kasta ee adduun iyo aakhiraba leh halka ugu fiican kolka uu gacaltooyadiisa ku dooransiiyo qayrkii. Oo ma jiro wax agtiisa ka hungurimar fiican oo ka macaan.

Doonista miyaa, dadku jacaylka ay shayga u qabaan iyo u hawoonshaha wax ay rabaan uga ma filnaanayaan doonistiisa iyo raadintiisa, dedaal iyo hawl la'aanna naftooda ugu keeni mayaan muraadkoodii iyo qiimihii uu u lahaa naftooda toonna.

Ku dhegganaanta iyo xulashada miyaa, hadde doonistooduba anfac ma leh adeegsiga middaan iyo la jirkeeda uun mooyee. Badanaa qof doonayay hanuun oo asaga iyo baadiyoobiddiiba isku mar helay, deetana doortay kii uu ka cararayay, laalayna kii uu u soo ordayay. Haddii qofka wax doonaya uu kulansanayo wax uusan rabin, shakina uusan ka qabin in uu helayo, hadde cidina ka ma ay mudna in uu yeesho hubsiimo culus iyo doonis hagaagsan.

Hubsiimo ka dib in uu shayga rumaysto, hadde waa waxa lagu raadiyo hanashada fiicnaanta intii la aqoonsaday ka dib.

Ilaalinta iyo ka warqabka miyaa, haleelidda ayaa dhammays ku noqota, oo aadanuhu illowshaha iyo maahsanaanta waa uu ku jirraban yahay, sidaa darteedna waxaa la ma huraan in marka uu hadal qumman ama fal toosan uu dooranayo in uu dusha ka qaybo ilaa inta uu uga baahanayo.

U meel dayidda miyaa, hadde waxtarka oo dhan waxa uu isugu imaanayaa in shayga halkiisa la dhigo, dhammaanteenna middaan baahi badan ayaan u qabnaa. Oo dee adduunkaan la ina ma gayn halkii hodannimada iyo barwaaqada e, waxaa la ina joojiyay halkii baahida iyo rafaadka, waxa nafta ina ku celinaya ee cunid iyo cabbid ahna uga ma baahi badnin waxa ilaalinaya garaadkeenna ee ah edabta caqligeennu ku kala geddisan yahay. Nafaqada cunnadu sida ay jirka u korisana ka ma ay dheerayso sida ay edebtuna u koriso caqligeenna. Rafaadka aan u marayno agabka aan doonayno in aan isaga celinno dhibta iyo in la ina ka adkaado ka ma ay mudna in aan u dhibtoonno barashada cilmiga aan ku doonayno hagaajinta diinteenna iyo adduunkeenna.

Waxa buugga ku qoran

Waxaan buuggaan ku ururiyay hadallada dadka laga qabtay

oraahyo ka mid ah oo kaalmo u ah cammiridda quluubta, sifayntooda iyo fiiqidda araggooda, noolaynta fekerka iyo oogidda agaasinka, iyo in uu noqdo tilmaameeyaha waxa fiican iyo akhlaaqda qumman-Alle idankii.

Booskaaga

Iska hadlayaashu way ka badan yihiin inta ogaalka leh, inta ogaalka lehna way ka badan yihiin inta fal u beddesha.

Ruuxu ha iska eego halka uu naftiisa dhigayo. Qof walba oo aanay aafo ku dhicin wuxuu leeyahay in uun caqli ah oo uu ku noolaado, oo uusan dunida oo dhan ku doorsadeen. Qof walba oo wax uun caqli ah lehna khasab ma aha in lagu tiriyo waxgaradka iyo in sifooyinkooda lagu tilmaamo. Qofkii doonaya in uu magacaas iyo tilmaantaas yeesho ha u qalab uruursado, weligiina ha u diyaarsanaado, doonista naftiisana ha ka doorbido. Sababtuna waa in uu doonayo arrin weyn oo aanay moogganaantu ku habboonayn, mucjiso aan lagu kasban, laguna helin islahaysiin. La mid ma aha arrimaha kale ee adduunka ee leh madaxnimada, xoolaha, iyo dhaldhalaalkeeda uu helo ruuxa gaabiska ah uu waayana kii u mintidayay, tabarlaawuhuna uu ka hanto wax dhinac mara kartiilaha.

Barkulanka Qummanida iyo Qallooca

Waxgaradku ha ogaado in ay jiraan arrimo haddii uu dayaco, uu caqligiisu ku xukumayo in uu jaahiliinta ku darsamayo.

Qofkii waxgarad ah ha ogaado in dadku ay ka siman yihiin jeclaanta wixii ay la dhacsan yihiin iyo necbaanta wixii dhib ku ah, waana arrin ay isku raacsan yihiin maangaabka iyo indheer-garadkuba. Ka dib waxay isku khilaafeen saddex arrimood oo ay isugu soo uruurayaan qummanaanta iyo gefkuba, agtoodana ay ku kala tageen aqoonyahanka, jaahiliinta, kartiilayaasha iyo tabarlaawayaashu.

Tan koowaad

Waxagaradku wuxuu iska eegaa waxa dhibaya iyo waxa ka farxinaya, wuxuuna og yahay in kuwaas tan ugu mudan raadintooda haddii uu yahay wax uu jecel yahay iyo kan ugu mudan in uu iska ilaaliyo haddii uu yahay wax uu dhibsanayo, in ay tahay tan ugu dheer, ugu joogtaysan, uguna waarid badan. Markii uu sidaa u fekero waxa uu garanayaa aakhiro waxa ay adduunka dheer tahay, farxadda dadnimadu waxa ay dheer tahay macaanka baahida nafta, talada wanaagsan ee hagaajinaysa nafta iyo ciribdambeedku waxa ay dheer tahay talada markaa ku eg ee wax yar inta lagu baashaalo baabba'aysa, iyo waxa ay cunnooyinku dheer yihiin cunnada, saacaduhuna saacadda.

Tan labaad

Waa in uu ka fekero wixii uu markaa waxyaalahaas ka dooran lahaa, oo uu cabsidiisa iyo filashadiisaba booskeedii uu dhigo, jeer uusan cabsidiisa gelin meel aan laga cabsan, rejadiisana wax aan la helayn. Wuxuu iska ilaalinayaa macaanka kiisa dhaqsada ah si uu u helo ka dambeeya, wixii duudka u ridanayaa dhibka u dhow si uu uga dheeraado kan ka fog. Markii uu cawaaqibka arrinta arkana waxaa u muuqanaysa in cararkiisu faragelin ahaa, doonistiisuna ay ka bayrid ahayd.

Tan saddexaad

Waa in uu hubsiimadiisii ku fuliyo go'aan ka dib markii uu ogaaday waxa shayga waaraya uu la dheeraa waxa aan waarayn iyo ka dib markii uu hubsaday halka uu rejada ka qabo iyo halka uu ka cabsanayo. Oo qofka shayga ugu fiican doonaya asaga oo aan hubsiimo lahayn waa dayow wareersan, qofka garowsada shayga fiican ee aan go'aan lahaynina waa curyaan qatan.

Xisaabinta Nafta

Waxgaradku waa in uu la doodo naftiisa, la xisaabtamo, ha xukumo, ha abaaliyo, ha na ciqaabo.

Islaxisaabtanka miyaa;

Ha ku xisaabiyo xoolaheeda, ma na ay laha xoolo aan ka ahayn maalmaheed kooban ee wixii tegay aan loogu beddelayn sida biilka loogu beddelo, wixii baaddilka ka raacayna aan xaqa loo gelinayn, oo markaana xiaaabtan ha ku baraarugsanaado markii sannad u dhammaado, marka ay bil u idlaato, iyo marka ay maalin gudubto, oo ha eego intaasi wixii ay ku dhammaadeen, wixii uu naftiisa u kasbaday, iyo wixii uu culaab u soo xambaaray diintiisa iyo adduunyadiisaba. Wuxuu intaa ba ku uruurinayaa buug leh tirakoob, dedaal, xusuusin, ciqaab nafeed, iyo dullayn jeer ay qirato gefafkeeda oo ay hoggaansanto.

La doodiddeeda miyaa;

Nafta xumida aad u farta waxaa dhaqankeeda ka mid ah in wixii hore uga dhacay ay cudurdaar u raadiso, waxa harayna ay filasho u samayso, markaa wuxuu ku afjigayaa cudurdaarkeeda, sababaheeda, iyo dhalanteedkeeda.

Xukumiddeeda miyaa;

Wixii xumaana ee ay doonto ayuu ku xukumayaa in ay tahay ceeb, hoog, iyo halaag, wixii wanaag ahna in uu yahay qurux, badbaado iyo faa'iido.

Abaalinteeda miyaa;

Wuxuu naftiisa kaga farxinayaa xusuusashada wanaaggeeda, rejada uu ka qabo cawaaqibkeeda iyo filashada fadligeeda, wuxuuna naftiisa ku ciqaabayaa xusuushada xumaanta, foolxu-maysigeeda, ka jiriricoonshaheeda, iyo in uu u murugoodo.

Waxgaradka kan ugu fiican waa midka naftiisa sidaan u maamuli og, xilliyada uu ka baaqsanayo maamuliddeedana waa kan ugu baaqsho yar.

Xusuusnida Geerida

Waxagaradku maalinta iyo habeenkaba marar badan ha xusuusnaado geerida. Xusuus qalbiga ka imaanaysa, qalloocbadanahana ka joojinaysa iilashada, oo xusuusashada badan ee geeridu sharka waa ka caymo, ka argagixidda geeridana waa ka cawrocelin-Alle idankii.

Tirakoobka Xumaanta

Waxgaradku naftiisa ha u tiriyo ceebaheeda diineed, akhlaaqeed iyo edeb ahaaneedba. Dhammaantood ha ku uruuriyo laabtiisa ama buug, deetana ha badiyo in uu naftiisa u soo bandhigo, uu u diro hagaajintooda, uuna ka adeejiyo shaqo qaybsan oo leh sida in uu hal ama laba ama dhawr xumaanood uu hagaajiyo maalintii ama asbuucii ama bishii.

Mar walba oo uu shay ka mid ah hagaajiyo ha tirtiro, mar walba oo uu masaxaaddaa arkana ha farxo, markii uu isha saaro kuwo weli sii qoranna ha ka werwero.

Sifooyinka Suubban

Waxgaradku ha baaarbaaro wanaagga dadka, ha ilaalsado, ha tirakoobo, oo ha ka shaqeeyo sidii uu naftiisa ugu hawlgelin lahaa, uuna uga ga warqabi lahaa sida aan ku soo sheegnay iska hagaajinta xumaanta oo kale.

Waxaa waxgaradka u habboon in dadka uusan kala rafiiqin, kala saaxiibin oo uusan la dersinin-intii karaankii ah, cid aan ka ahayn qof leh dheeraad aqooneed, diineed, iyo akhlaaqeed oo uu ka qaato, ama qofku raacsan hagaagsani oo xoojiya waxa uu haysto-yaanuba wax la dheeraan e; oo sifooyinka qumman ee wannaagga ah kuma ay noolaadaan ku ma na ay koraan cid aan ka ahayn kuwa kugu waafaqsan, hagaagsan ee taageersan. Qofka wanaagsan ma leh qaraabo iyo wadeey uga dhow oo uga gacaltooyo badan ciddii ku waafaqsan sifooyinka wanaagsan ee u kordhisa, una sugto.

Sidaa awgeed ayay dadkii hore qaarkood ku andacodeen in ay la saaxiibaan damiin la dhaqmay culumada ay ka jecel yihiin faahin la koray jaahiliinta.

Khasaarada Illowga iyo Fududaysiga

Waxgaradka waxaa u ekoon in uusan u murugoon walax adduun oo seegtay ama dhaaftay, iyo in wixii soo gaaray ee ka lumay uu ka soo qaado sidii wax uusan helin, wixii uu raadiyay ee uusan helinna uu ka soo qaado sidii wax uusan raadin, meeshana uusan ka saarin ku farxidda wixii uu helo, taana uusan gaarsiin saqraamid iyo qooq toonna, oo saqraamiddu waxay wadataa illow, qooquna fududaysi, qofkii wax illaawa iyo kii sahaladana waa uu khasaaray.

Wehelinta Waxgaradka

Caaqilka waxaa u ekoon in uu waxgaradka nafsaddiisa ugu wehel yeelo, uuna ku dhiirranaan geliyo jeer oo ay ilaalo u noqdaan maqalkiisa, araggiisa, iyo taladiisa, oo uu ku xasilo, laabtiisu ay ku qabowdo, uuna ogaado in aysan moogganaanayn ayagu haddii uu asagu naftiisa moogganaado.

Saacad Saacadaha Caawisa

Waxgaradka waxaa u ekoon-waa haddii aanay naftiisu ka adkaan e, in uu afar saacadood aanay waxba ka mashquulin: saacad uu dantiisa Eebbe u sheeganayo, saacad uu naftiisa xisaabinayo, saacad uu u calool warramayo walaalihi iyo dadka uu ku kalsoon yahay ee ceebihiisa uga run sheegay, arrimihiisana ka la talinaya, iyo saacad uu isu daynayo naftiisa ku macaansigeeda wixii weynaynaya ee qurxinaya, oo saacaddaani waxay caawimaad u tahay saacadaha kale, qalbiyada oo loo raaxeeyo, degganaantana loo daayo waxay u kordhisaa awood iyo tamar ay ku sii socdaan.

Saddex dalab

Waxgaradka waxaa u ekoon in uusan doondoonin saddex

wax mooyee:sahay aakhiro, nololmaalmeed, iyo baashaal aan xaaraan ahayn.

Laba heer oo kala tagsan

Waxgaradka waxaa u ekoon in uu dadka laba dabaqadood oo kala duwan uu ka dhigto, laba dhar oo kala geddisanna uu u xirto. Dabaqadda guud waxa uu u xiranayaa dharka is uruurinta, isku aaddanaanta iyo is ilaalinta eray walba iyo tallaabo kasta. Dabaqadda u gaarka ahna waxa uu agtooda ku bixinayaa dharka is adkaynta, wuxuuna u gashanayaa dharka weheshiga, dabacsanida, sirbixinta iyo wadahadalka. Dabaqaddaan ma uu soo geliyo wax aan ka ahayn cid ay isudummaan, dhammaantoodna waa dad la dheeri ah talada, kalsooni gacaltooyo leh, ammaano sirta ilaalisa leh, oofin walaalnimana leh.

Yaraanku wuu weynaadaa

Waxgaradka waxaa u ekoon in uusan yaraysan wax uun ah ku gefidda talada, ku siibashada aqoonta, iyo moogganaanta hawlaha. Oo qofkii yaraysta waxa yar waxaa ay u dhowdahay in yaraanba uu yaraanka kale gaaro, oo uu arko yaraankii oo weynaaday. Waa uun dildillaac ay qodayaan wahsiga iyo dayacu. Haddii aadan awdinna waxaa halis ah in ay u qaraxdo si aan wax ka qabasho lahayn. Ma aannaan arag shay aan laga soo gelin dhanka wax yar oo la sahladay, oo waxaan aragnayba maamul laga ga yimid dhanka cadowgii la liidayay, waxaannuna aragnay caafimaad laga soo galay xanuun aan waxba loo arkayn, waxaannuna aragnay dumid ka dhalatay dillaac la yaraysanayay.

Waxa ugu dulqaad yar dayaca waa xukunka oo shaygii dayacma haba yaraadee waxaa ku xiga mid kale oo wax weyn ka dhiga.

Talada iyo Hawada waa isu col

Waxgaradka waxaa u ekoon in uu ka fulayoobo aragtida uusan racsanayn, haba u maleeyo in uu hubanti hayee.

Waxgaradku ha ogaado in talada iyo hawada naftu ay col yihiin, dadka dhaqankoodu in uu yahay dibrididda talada iyo u gargaaridda baahida nafta. Taa ha khilaafo oo ha ku dedaalo in hawadiisu ay dambayso, taladiisuna ay horrayso.

Waxagaradka waxaa u ekoon marka ay laba arrimood isaga laaqmaan ee uu garan waayo kooda qumman in uu eego kan uu labadooda jecel yahay oo markaana ha ka digtoonaado.

Naftaada bar qayrkaa ka hor

Qofkii naftiisa hoggaan diineed dadka uga dhigaya, ha ka bilaabo in uu naftiisa waxbaro, uu hagaajiyo dhaqankiisa, nololmaalmeedkiisa, taladiisa, hadalkiisa, iyo saaxiibbadii, sidaana dhaqankiisa in uu dadka wax ku baro ha ka xeeldheeraato in uu afkiisa wax ku baro, oo sida erayga murtida ah uu maqalku ugu bogo ayaa falalka murtiyaysanna ay indhaha iyo qalbiyadu ugu ildoogsadaan. Qofkii naftiisa waxbara ee edbiya ayaana weynaynta iyo sarraysiinta ka mudan midka dadka waxbara ee edbiya.

Tiirarka Hoggaanka

Xil u qabashada ummaddu waa jirrab weyn. Qofkii xil qabtana waxaa la gudboon in uu ku dedaalo afar qodob oo u ah tiirar iyo udbo, ayna ku taagan tahay oo ay ku sugnaato:xulashada in uu maskax iyo dedaal geliyo, in uu ku talaxtago iska horraysiinta, dabagal aad u adag, iyo abaalin diyaarsan.

Doorashada shaqaalaha iyo xoghayayaashu waa waxa ay hawshaani ku dhisan tahay, kaana yaraynaysa kharashkii ku bixi lahaa meelo durugsan oo firirsan. Waxaa laga yaabaa hal qof oo uu doortay in uu kun u dhigmo, oo haddii uu shaqaaluhu yahay qof si wacan loo xushay, asna si fiican ayuu u sii xulanayaa. Waxaa laga yaabaa in shaqeeyaha shaqaalihiisa iyo shaqaalahaas shaqaalahoodu ay aad u badan yihiin, oo markaa qofkii iska hubiya xulashadoodu waxa uu cuskaday laan adag, qofkii hawshiisa ku saleeya sidaa wax ka beddelanna hadde dhiskiisa cid qummisa uma uu helayo.

Iska horraysiinta iyo wakaalashada miyaa, hadde ruuxii la arko ee caqli leh ama ammaano leh ma aha mid garanyo arrimaha iyo hawlaha oo dhan halka ay jiraan. Haddii uu aqoon lahaana hadde saaxiibki sida dhabta ah hawshaan uma uusan dirsadeen oo uma uusan daayeen aqoonta uu soo biday asaga oo aan soo ogaysiinayn, u sharraxayn oo aan caddaynna u keenayn.

Dabagalka miyaa, hadde haddii uu masuulku dabagal sameeyo waxa uu noqonayaa maqle arka, shaqeeyaha markii sidaa lagu sameeyana wuxuu noqonaya mid dhufays ku jira oo isdhawra.

Abaalintuna waa sugidda hagaagsanaha iyo isdhaafinta kharribaaga.

Waxa hoggaaminta hirgeliya

Madaxnimo la ma wadi karo wasiirro iyo caawiyayaal la'aan, wasiirraduna wax ma taraan gacaltooyo iyo waano la'aan, gacaltooyaduna wax ma tarto talo iyo dhawrsani la'aan.

Hawlaha madaxdu waa ay badan yihiin, waan dhif in sifooyinkii wacnaa ay qof ku kulmaan. Wadiiqada iyo tubta uu taa u marayo ee ay hawshu ku hagaagayso waa in qofka madaxda ah uu og yahay hawlaha cidda uu la kaashanayo, qof walba taladiisa iyo waxtarkiisu inta le'eg yihiin, iyo ceebihiisa. Marka ogaalkiisa iyo ogaalka ciddii uu aamminayaba ay arrintaas u fariisiso, waxa uu shaqo walba u dirayaa qof uu aqoonsan yahay taladiisa, geesinnimadiisa iyo ammaanadiisu in ay dhan yihiin inta loo baahan yahay, ceebaha uu ka ogaadayna aysan dhimaal ku ahayn hawshaas. Wuxuu iska dhawrayaa in uu qof ku aaddiyo meel aan shaqsiyad u baahnayn-waa haddii uu leeyahay e, ceebihiisa iyo waxa lagu dhibsanayana uusan ka ammaan helaynin.

Waxaa madaxda la gudboon in ay intaa ka dib dabagalaan shaqaalahooda, shaqooyinkoodana ay baarbaaraan, si samaanta wanaagsanaha iyo xumaanta kharribaagu aanay uga dahsoomin.

Deetana waa in aanay wanaagsanaha iska dhaafin abaalin la'aan, halleeyaha iyo wahsilowgana waa in aanay ku sii hayn hallayntiisa iyo wahsigiisa, oo haddii ay faraha ka qaadaan wanaagsanuhu waa uu isdhigtaa, halleeyuhuna waa uu dhiirrada oo hawsha ayuu kharriba, shaqadiina sidaa ayaa ay ku luntaa.

Dunidu waa meerto

Tartiibsiga xoolo tabaca ayaa raaxada u dhawrid fiican, daalkuna hammiga durugsan buu ku jiraa, qofkii tabartiisa ka badan doonana qadin buu mutaa. Wax uu hodanku duudka u rito waxaa ugu daran in marka uu farxo uu kibro, faqiirku wax uu dhabarka saartana waxaa u daran in uu iimaanyoog noqdo marka uu wax doonayo. Ceebta faqriga ayaa ka sahlan ceebta hodannimada, baahi gacaltooyo leh ayaana ka wanaagsan hodannimo nacayb leh.

Adduunyadu waa meerto, wixii aad ku lahayd waad helaysaa xitaa adoo tabar daran, wixii aadan ku lahaynna xoog kuma keenaysid.

Tusaaluhu hadalka waa uu caddeeyaa

Haddii hadalka maahmaah laga dhigo maangalka caddayn og, ujeeddadana qeexi og, dhegaha u quruxsan, hadalka firirsanna u mug qaad wacan.

Caqligaa hanti ugu fiican

Waxaa baahi ugu daran caqli la'aanta, kelinnimana waxaa ugu daran tan jaqjaqlaha, xoolo caqli ka fiican ma jiraan, wehel ka wacan wehlinta tashigana ma ay jirto.

Asturid Badnow

Qofka hagaagsanidiisa iyo in uu si wanaagsan dadka u eego waxyaalaha lagu garto waxaa ka mid ah in marka qof dambi ka galay uu raalligelin ka doono uu yahay mid asturid badan oo aan faafin oo aan shaacin, haddii lala tashadana ku deeqa waanadiisa oo aragtidiisa u hagarbaxa, haddii uu cid la tashanayana xishoodka meel iska dhiga oo go'aankiisa meelmarinaya, wixii gar iyo abbaar ahna garawsanaya.

Ilaaliye iyo La-ilaaliye

Arsaaqda dadka loo qaybiyo ee loogu raaxeeyo waa laba dhinac: mid wax ilaalisa iyo tu la ilaaliyo. Tan wax ilaalisa waa garaadka, tan la ilaaliyana waa xoolaha. Caqligu-Alle idankii-waa kan calafka ilaaliya, cidlada kaa weheliya, baahida kaa ilaaliya, aqoonsi siiya qofkaan la aqoon ee aan sheegganayn, hantida dhaliya, waxaad haysatid wanaajiya, shacabka ku haga hoggaankooda, hoggaankoodana ku riixa in uu qaato talada shacabkiisa, saaxiib kuu sameeya, cadawgana kaaga filnaada.

Edebta Sare

Waxgaradka hadalkiisu haba yaraadee waa murti culus, dambiga samayntiisu haba u muuqdo wax yar e waa musiibo weyn, la kulanka walaalaha haba yaraadee waa dheef wacan.

Noocyada dadka

Waxaa laga yaaba in ay irdaha madaxda isdhoobaan dad

badan oo kala duwan: kii hagaagsan waa loo yeere, kii xun waa jibaaxe, edebsame waa arday, faddarku waa gaadaa', xoogle waa harbiye, tabarlaaway waa la harbiye, hagaagsane waa abaaldoone, halleeye waa magan. Waa uun barkulanka qummane iyo qalloocsane, aqoonyahan iyo jaahil, gob iyo gun.

In uu Alle dhawray mooyaane, badi dadka arrimahoodu ma hagaagsana, oo koodii hadla waa xadgudbe, koodii maqle ah waa ceebayn badan yahay, weydiin kii qaba waa marinhabawsan yahay, kii u jawaabaya wuu khasbanayaa, waaniyahoodu warkiisa ficil ahaan uga dhabayn mayo, koodii la waaninayana yasid kama nabad qabo, koodii la aammino iska dhawri mayo khiyaamada, runlowgoodu warka beenta ah iska jiri mayo, kii diin leh ka xalaalmiiran mayo qallooca faajiriinta, kan go'aankiisa ku adagna xusuusan mayo in uu fisho meertada waayaha.

Qaabdhismeedka bulshada way dumiyaan, meertada waayaha bay isla eegtaan [si ay isugu wiirsadaan], qaabadarrada ayay isweydaarsadaan, si liidid ay ku jirto ayay isu eegaan. Xilliga barwaaqada waxay ku mamman yihiin in ay isxaasidaan, xilliga dhibtana in ay is hoojiyaan.

Dunida ha ku dagmin

Badanaa inta adduunyada laga qaaday ciddii ay u kalakacsanayd ee ay agtooda tubnayd, markaana shaqadii ayaa ayaga shaqo u noqotay, adduunkiina cid aan ayaga ahayn; waxaa raaxadoodii la wareegay dad aan abaal ugu hayn, ayaguna waxay u carareen cid aan u cudurdaarayn. Annaguna duul ayaga ka dambeeya ayaan noqonnay, waxaannuna filanaynaa wixii ayaga ku dhacay oo kale, oo marka aynu si wacan ugu fiirsanno waxaan mudannahay in aan u dhuganno waxa aan ayaga ku kamanayno oo markaana aan ku raacno iyo waxa aan ayaga uga baqayno oo markaana aynu isaga fogaanno.

Sida sheydaanka aad ceebtaada u tusinaysid

Waxaa la dhihi jiray:waxaa la arkaa in uu Ilaahay shay amro oo uu kugu jirrabo culayskiisa iyo in uu shay kaa reebo oo uu kugu imtixaano u baahashadiisa. Haddii aad markaa tahay qof aan kheyr falayn wax aad u baahato mooyee, sharkana aadan ka fogaanayn wax aad kahato mooyee, hadde sheydaanka ayaad ceebtaadii tusisay, hoggaankaagii aad u dhiibtay, waxaana uu ku dhow yahay in uu kugu weeraro wanaagga aad jeclayd oo uu ku nacsiiyo iyo sharkaad kahanaysay oo uu ku jeclaysiiyo. Laakiin, waxaa jacaylkaaaga kheyrka kaala gudboon in aad isku dirqisid wixii wanaag ah ee kugu culus, wixii aad kahanaysidna waxaa kaala gudboon in aad ka fogaatid wixii shar ah oo aad jeceshahay.

Birbirka Adduunyada

Adduunyadu waa dhaldhalaal xubnaha kaga adkaada wax aanay caqliga kaga adkaan. Murtiiluhu waa qofka araggiisa ka laabta ee aanay qalbigiisa mashquulin. Teeda dhow wuxuu ka arkaa waxa ka shisheeya, bilowgiisa wuxuu ku garowsadaa sharka daba socda, wuxuu cunaa kharaarkiisa, wuxuuna cabbaa calowgiisa si ay ugu macaanaato oo ay ugu saafiyowdo asaga oo hodan ah dhisidda nolol jiraysa oo joogaysa, oo aan kana wiswisayn qummanaanta haddii uusan ku helin raalli ahaantiisa, aysan ugana imaan raacidda hawada naftiisa.

Kalsoonidhiska

Ha u dummin qof ismoodsiin badan, arrimahaagana ha ku dul dhisan qof aan lagu kalsoonaan karin.

Mahadnaq Eebbe iyo Addeeciddiisa

Fadliga Alle uu u galay uunkiisu inta uu weynaan ka qabo

waxa uu gaaray, nimcooyinkiisuna barwaaqo inta ay ka qabaan waxay gaartay, in haddii kan dadka ugu nasiib daran ee ugu qayb yar, ugu cilmi yar, ugu hawlqabad liita, ugu afgaroocsan, uu fadliga iyo nimcada uu siiyay uu uga mahadceliyo oo uu uga shukri noqo si u dhiganta halka ugu dambaysa ee uu gaari karo qofka ugu nasiibka badan, ugu qaybta badan, ugu aqoon sarreeya, ugu hawlqabad fiican, uguna aftahansan, uu ahaanayo ruux ka gaabiyay mahadnaqii uu Alle xaqa u leeyahay, kana fog gaaridda halka ugu shishaysa mahadnaqiisa.

Qofkii u mahadcelinta Alle iyo u shukrinaqiisa ka qaata qaybta uu ku leeyahay ayada iyo aqoonsashada nimcada Alle iyo ammaantiisa iyo u mahadnaqiisa, hadde gudashada mahadnaqiddaas wuxuu ku mutay in uu Alle u dhawaado, wadiiqo Alle u dhawaysa in uu qaaday, in loo kordhiyo waxa uu Alle uga mahadnaqay oo uu helo wanaag adduun iyo abaal aakhiro oo fiican.

Waxa ugu fiican ee lagu ogaado aqoonta aqoonyahanka iyo hagaagsanida qofka hagaasan waa in uu intii karaankiisa ah uu dadka ku hagaajiyo waxa uu haysto ee uu jeclaysiiyo waxa uu naftiisa la rabo ee ah jacaylka Ilaahay, jacaylka xikmadda Eebbe, dhaqangelinta addeecitaankiisa, rejaynta abaalkiisa wanaagsan ee qiyaamaha, iyo in uu uunka u caddeeyo waxa ay tahay in ay falaan, waxa ay tahay in ay iska daayaan, iyo in uu taa dhaxalsiiyo ehelkiisa iyo dadka macaariftiisa ah, si uu ajarkeedu geerida ka dib uga daba yimaado.

Galladaha diinta ayaa ugu fiican

Diintu waa waxa ugu fiican ee hibooyinka Alle uu siiyay uunkiisa, waa tan ugu waxtarka badan, waana murti walba tan ugu mudan ee loogu mahadcelin og yahay; oo diinta iyo xikmadda fadligoodu waxay gaareen in xitaa afka jaahiliinta lagu ammaanay ayaga oo ka jaahil ah oo ka indhasaaban.

Dadka Ugu Mudan

Waxaa dadka madaxnimo ugu habboon kuwooda ugu ogaalka badan[2], waxaa maarayn ugu mudan culumada, waxaa ugu fadli badan kan dadka u joogtayn badan in waxa uu la dheer yahay uu wax ka taro, aqoontana waxaa ugu mudan kooda ugu edeb fiican. Waxaa hodannimo ugu mudan deeqsiyaasha, waxaana Ilaahay ugu dhow kuwo xaqa ugu dhuun duleela aqoon ahaan, ku dhaqmid ahaanna ugu dhammaystir badan. Kan ugu murtida badan waa kooda uga durkid badan in uu Alle ka shakiyo. Kan ugu rejo toosan waa kooda Ilaahay ugu kalsooni badan. Kan aqoontiisa ugu nafacsi badan waa kooda uga fogaan badan dhibta. Kan dadku uga raallinoqosha badan yihiin waa kooda ugu abaalgelid badan. Kan ugu xoogga badan waa kan ugu caawinta badan. Kan ugu geesisan waa kooda ugu daran sheydaanka. Kooda ugu guulaysan og caddaynta waa kooda ugu adkaansho badan doonista naftiisa iyo laxjeclada. Kan ugu talaqaadashada badan waa kooda uga tegid badan baahida naftiisa. Kan ugu mudan gacaltooyada waa kan naftiisa ugu jecel[3]. Kan ugu deeqsisan waa kooda ugu hagaagi og halka uu wax ku bixinayo. Kan ugu raaxo badan waa kooda ugu dulqaadka badan wax walba. Kan ugu yaabid yar waa kooda ugu laab xaaran. Kan ugu hodansan waa kooda waxa uu haysto ugu qanac badan. Kan ugu nolol dabacsan waa kooda uga fogaan badan talaxtagga. Kan ugu qurux badan waa kooda ugu talo fiican. Kan ugu badbaado badan waa kooda ugu ilko iyo mici jilicsan. Kan maragfurkiisu ugu saxan yahay waa kan u hadla. Kan ugu caddaalad badan waa kooda ugu nabadgelin badan.

---

2   'Aqoonta siyaasadda buu ka wadaa'. Cagdhigga Madbacadda Daaru al-Beyruud.

3   Daabacaad kale waxay halkaa leedahay 'Kan ugu mudan gacaltooyada waa kan naftiisa ugu jecel'. T

Barwaaqadana waxaa ugu mudan kooda ugu mahadnaq badan waxa uu haysto.

Isubogiddu waa aafada caqliga

Wax ay waalidiintu ilmahooda dhaxalsiiyaan waxaa ugu fiican: magac wanaagsan, edbin toosan iyo walaalo hagaagsan.

Diinta iyo aragtida waxa lagu kala sooco waa in ay diintu rumayn ku bedqabto, aragtiduna ay dood ku suganto; haddaba, qofkii diinta muran ka dhiga waxa uu diintii ka dhigay aragti, qofkii aragti diin ka dhigtana hadde jid buu jeexday, qofkii naftiisa diin u jeexdana diin ma uu laha.

Waa la arkaa in meelaha qaar ay diinta iyo aragtidu isku laaqmaan, haddii aanay isu ekaani jirinna kala soocid uma aanay baahdeen.

Aafada caqligu waa isu bogid, macangagnimadu waa fadhiga hawada nafta, bakhaylnimadu waa tallaalka damaca, muranku waa hallowga carrabka, ficiladu waa jahliga sababtiisa, santaaggu waa maangaabnimada mataanteeda, ku baratanka adduunyaduna waa cadaawadda walaasheed.

Laba Murtiyood

Haddii aad kheyr ku hammidid hawadaada u dheeree, haddii aad shar ku hammididna hawadaada dibdhig si aad u guulaysatid-illeen maalmaha iyo saacadaha sidaa kugu dhaafa ayaaba kuu faa'iido ah.

Hoosaynta martabada qofku yaanay kaa horjoogsan in aad qaadatid wixii toolmoon ee aragtidiisa ah iyo in aad xulatid dhaqankiisa inta wanaagsan, oo luulka qaaliga ahba looma liido in quusaaga soo bixiyay uu liitay.

Aqoontu waa quruxda aqoonyahanka

Irdaha guusha iyo in lagugu aaddiyo waxbarashada waxaa ka

mid ah in qofka cilmiga iyo edebta baranaya uu beegsado wixii waafaqaya wax Alle uu ku addeecayo, una leh ahmiyada iyo u soo jeedid, oo dedaalkiisu dheef la'aan ma dhaco, waayihiisu yoolgaar la'aan ma idlaadaan, fursaddiisa wax uusan ku guulaysanayn kuma khasaariyo, mana uu noqdo sidii qof falanaya dhul xeeb kulaalaya oo deetana ku beeraya laws ama dhul adag ku beeraya timir ama muus.

Aqoontu qofkeeda waa u qurux xilliga barwaaqada, xilliga dhibtana waa u caymo. Edebta ayaa qalbiyada lagu cammiraa, aqoontana caqliga ayaa lagu maamulaa.

Caqliga Qofka

Caqliga qofka ku beeran ee aan iska yeelyeelka ahayn waa sida carro san aan la ga guurin.

Caddaynta Aqoonsashada Eebbe

Waxyaabaha tusinaya aqoonsiga Eebbe ahna sababta iimaanka waa in uu qaybka u wakiishay wax walba oo dunida ka muuqda. Ha yaraado ama ha weynaado muuq ahaan, asaga ayaa gedgeddiya oo dhaqdhaqaajiya. Qofkii ku waantoobaya kooda weyn ha eego samada oo ha ogaado in uu jiro Eebbe socodsiiya falagyadeeda, arrimaheeda agaasima, kii waxeeda yar ku waantoobayana ha eego xabbad sakaraxuud[4] ah oo ha ogaado in ay leedahay agaasime soo saara oo hagaajiya u na jaangooya quudka ay ku leedahay dhulka iyo biyaha, u madaleeya waqtiga ay soo baxayso iyo xilliga ay qallalayso. Arrinta nebinnimada iyo riyooyinka iyo waxa dadka nafahooda uga soo dhacayo meel aysan aqoon, deetana uga soo muuqanaya hadal iyo ficil; deetana ku kulmidda culumada, jaahiliinta, kuwa hanuunsan iyo kuwa lunsanba ay ku kulmaan xuska Eebbe S.O.K iyo weynayntiisa;

4 Saxar il ma qabato ah. T

ku kulmidda kuwa Alle S.O.K ka shakintiisa ee beeniyay ay ku kulmaan qirashada in dhawaan la uumay iyo ogaalka u leeyihiin in aaanay naftooda u sheekayn; dhammaan intaasi waxay ina ku hanuuninaysaa Ilaahay, waxayna ina tusinaysaa kan ay arrimahaasi xaggiisa ka yimaadeen, ayada oo ay weheliso yaqiinta muuminiinta ugu kordhaysa in uu Alle uu yahay Xaqa weyn, qofina uusan ka sooqaadayn in uu yahay baaddil.

Xaqa hoggaamiyaha caaddilka ah

Hoggaamiyaha caadilka ah waxa uu leeyahay xaq aanay doonistiisa la'aanteed waxba u hagaagayn xulka ummadda iyo caammadaba. Qofka waxgaradka ah waxaa la gudboon in uu u baraxtiro waanada, uu u hoggaansamo, sirtooda uu qariyo, dhaqankooda uu [dadka] u qurxiyo, afkiisa iyo addinkiisa uu ku daafaco, uu raaraadiyo raalligelintooda, uuna ku la dhaqmo waafaqidda hawadooda iyo in uu taladoodana ka doorbido tiisa, arrimahana uu ku saleeyo waafiqiddooda xitaa haddii uu ku khilaafsan yahay, dhabna uu ka ahaado khilaafidda ciddii mucaaradda oo xaqoodana iska indhasaabta. Dadkana yuusan xiriirin cid aan ka ahayn qofka aanay xiriir ahaan ka la fogayn, collaytanka ay cid ka la leeyihiin iyo dhibka ay u gaysanayaanna yaanay ku riixin in uu u caroodo, qofnana yuusan u la tegin sahlashada arrimahooda iyo in uu liido wax uun xaqooda ka mid ah. Yuusan ka qarin wax uun naseexadooda ah, yuusan cuslaysanna u hoggaansamiddooda. Yuusan islweynaan haddii ay sharfaan, yuusan ku na dhiirran haddii ay soo dhaweystaan, haddii ay cid ku salladaanna yuusan qooqin, haddii uu wax weydiistana yuusan isku koollayn, kharash yuusan ku soo kordhin, wixii ay u diraan yaanay la cuslaan, yuusan ku kedsoomin haddii ay ka raalli yihiin, haddii ay u caroodaanna yuusan isu doorin. Wixii wanaag ah oo ay u galaan ha uga mahadceliyo, illeen ma ay jirto cid wanaag u geli karta oo aan ka ahayn in uu Alle ayaga uga dhiciyo isla ayaga.

Caddaynta Aqoonta Aqoonyahanka

Waxaa ka mid ah waxyaalaha aqoonyahanka aqoontiisa caddaynaya sida uu u garanayo waxa la gaari karo, ka joogsigiisa waxa aan la gaari karin, in uu naftiisa ku qurxiyo sharafta, aqoontiisu in ay dadka soo gaarto asaga oo aanay ka muuqan faan iyo isla qummanaan, waaga uu noolyahay in uu garanayo, in uu dadka fiiro u leeyahay, caddaaladda in uu ku dhaqmo, qofkii hagid u baahan in uu hago, dadka ay isdhexgalka leeyihiin in uu si wanaagsan ula dhaqmo, afkiisa iyo uurkiisu in ay isleeyihiin, wax walba in uu dhanka caddaaladda ka istaago, wixii ku dhaca in uu si kal furan u aqbalo, wixii uu sameeyo in uu ku daafacdo caddaymo iyo bayaamintiisa wanaagsan.

Aqoonta Aakhiro

Qofkii doonaya in uu ogaado wax ku saabsan aqoonta aakhiro, hadde cilmigeeda ha barto, kii doonaya in uu ogaado wax adduunyada ku saabsanna, hadde waxyaalaha tusmeeya ha aqoonsado.

Waajibka qofka

Qofku ha noqdo weydiin badane, ha ahaado mid kala soocid badan xaqa iyo baaddilka, run badane si warkiisa loo qaato, ballan oofiye si ballanka loogu oofiyo, mahadcelin badane si uu kordhin u mutaysto, deeqsi si uu wanaagga ehel ugu noqdo, dadka dhibban mid u naxariis badan si aan dhibaato loogu imtixaamin, gacaltooyo badan si uusan sal ugu noqon dhaqanka shaydaanka. Ha noqdo mid carrabkiisa ilaashada oo dantii yaqaan ah si aan loogu qabsan wax uusan gaysan, isdhuldhige ha noqdo si wanaaggiisa loogu farxo oo aan loo xaasidin, ha noqdo mid qanacsan si ishiisu ugu qabowsato waxa la siiyay, dadka wanaaggoodana mid ku farxa ha noqdo si aanay xaasidnimadu u dhibaatayn; ha noqdo mid digtoon si aanay cabsidiisu u dheeraan, cuqdadlow yuusan noqon si uusan naftiisa ugu gaysan dhib asaga ku haraysa, ha noqdo qof xishooda si aan culumada war xun looga gayn, oo dee qofka aqoonta leh in ay aqoonyahanku ceebtiisa arkaan ayaa uu ka neceb yahay ciqaabta ay mariyaan madaxda dawladdu.

Talooyin wacan

Nolosha shaydaanku waa ka tegista cilmiga, ruuxdiisa iyo jirkiisu waa jaahilnimada, jirridiisuna waxay qotantaa cuqdadlowyada iyo dadka qaabka daran, hoygiisuna waa dadka carooda. Quudkiisu waa kala baydadka [walaalaha], rejadiisuna waa joogtaynta dambiyada.

Wuxuu yiri: ma qummana in uu qofku aqoontiisa iyo aragtidiisa wax u arko mar haddii uusan la falanqayn waxgaradka ee aanay ku raacin, oo dee aqoonta walxuhu kuma ebyoonaato caqli keligii ah.

Dhaqan waxaa ugu caaddilsan in aad dadka ku qiyaastid naftaada, oo ha u la tegin wax aadan raalli ku ahayn in laguu la yimaado.

Caqli waxaa ugu waxtar badan in aad wanaajisid habka aad ugu noolaanaysid wixii wanaag ah ee lagu siiyay iyo in sharku inta uusan kugu dhicin aadan dan u gelin.

Waxaa aqoonta ka mid ah in aad og tahay in waxa aadan aqoon aadan aqoonnin.

Waxgaradka kuwooda ugu caqli badan waxaa ka mid ah qofkii hagaajiya isudheellitirka noloshiisa iyo aakhiradiisa jeer uusan midina midka kale ka hallayn, haddii uu taa kari waayana wixii liita iska naca oo waxa weyn doorta.

Wuxuu yiri: qofka wax uun walxaha ka mid ah rumaysan-six-irba ha ahaadee, ayaa ka fiican kan aan waxba rumaysanayn, aakhirana aan filanayn.

Toobadu qofna naar ma gayso, dambi la joogteeyana qofna janno ma uu geeyo.

Waxyaalaha wanaagga ugu fadli badan waa saddex: run la sheego xilliga carada, deeqsinnimada xilliga faramarnaanta, iyo cafinta marka aargoosi la awoodo.

Madaxa Dambiyada

Dambiyada madaxoodu waa beenta, oo way abuurtaa, dabagashaa, oo faafisaa. Waxay isu yeeshaa saddex midab: himilada, dafiraadda iyo muranka. Waxay qofkeeda himilada beenta ah ugu muujisaa in waxa ay u qurxinayso ee shahawaadka ah ee ay ku dhiirrigelinayso ay qarsoodi ahaanayaan. Markii ay soo ifbaxaan waxay kala hortagtaa dafirid iyo isqaadqaad. Haddii ay taa ka noogto waxay ku gabagabaysaa muran, oo qofkii baaddilka ayuu inta daafaco uu caddaymo u samaynayaa, oo wuxuu raadiyaa in uu ku adkaysto oo uu xaqa iska la weynaado si uu baadilka ugu dheereeyo, faxsharkana uu iskula qummanaado.

Diinta Qofka

Diinta qofku hal xaalad weligeed kuma sugnaato, way kordhi ama way isdhimi.

Calaamadaha Gunta

Calaamadaha gunta dhagarta badan waxaa ka mid ah in uu hadal macaan yahay, ficil xun yahay, caro fog yahay, xaasidnimo dhow yahay, xumaan qaadis badan yahay, uu cuqdadlow yahay, deeqsinnimada uu isku khasbo, martabo hooseeyo, wax uusan lahayn uu isku ballaariyo, waxa uu leeyahayna uu isku ciriiriyo.

Wixii weyn ku mashquul

Waxaa la dhihi jiray: haddii ay arrimuhu isaga kaa walaaqmaan, kan ugu heer sarreeya ku mashquul, haddii ay kuu kala caddaan weydana tan kuugu tusaale dhow, haddii ay isaga kaa sii laaqmaanna tan filashadaada ugu mudan in aanay fursaddeedu soo noqonayn.

Dadku waa afar

Waxaa la dhihi jiray 'dadku waa afar: labo waxa ay yihiin tijaabin baad ku ogaan kartaa, labana tijaabintooda waa lagaaga filnaaday.

Labada aad u baahan tahay tijaabintoodu waxay kala yihiin: midi waa qof fiican oo dad fiican ku dhex jira, midna waa qof xun oo dad xun ku dhex jira. Hadde adigu ma garan kartid in haddii kan wanaagsani uu dhexgalo dad xun uu isbeddeli doono oo uu qof xun noqon doono iyo in haddii kii xumaa uu dad wanaagsan dhexgalo uu isbeddeli doono oo uu qof wanaagsan noqon doono, oo markaa qummanihii uu qallooc noqdo, qalloociina qummane.

Labada lagaaga filnaaday tijaabintooda ee ay arrintooduna kuu caddahay, mid waa qof xun oo dad wanaagsan ku dhex jira, kan kalana waa qof wanaagsan oo dad xun ku dhex jira.

Murti kala duwan

Waxaa waxgaradka u ekoon in uu laba muraayadood yeesho, middood in uu ku eego ceebaha naftiisa oo uu isla yaryaraado, karaankiina uu iska hagaajiyo, iyo tan kale oo uu ku eego wanaagga dadka oo uu naftiisa ku qurxiyo, wixii uu awoodana uu kaga dhaqmo.

Iska ilaali la collaytanka xaaska, ilmaha, saaxiibka iyo tabarlaawayga, haddii aad la doodaysidna xujo kula dood.

Belo aad ka takhallustay yaanay tu kale kuu horseedin, laga yaabee in aadan ka caymane.

Xalaalmiiradku wax ma khiyaano, dhaqanyaqaankana lama siro.

Xalaalmiirashada qofka waxaa ka mid ah in uusan ka hadlin wax uusan aqoon, garasho badnidana waxaa ka mid ah in uu iska hubiyo waxa uu yaqaanno.

Waxaa la dhihi jiray: qofku wixii uu sameeyo asaga oo og in ay qalad tahay waa hawo, hawaduna waa aafada dhawrsanida, in uu faraha ka qaado qabashada wixii uu saxnaantooda og yahayna waa hagrasho, hagrashaduna waa aafada diinta. Ku dhirrashada wax uusan ogayn sax iyo qalad ka uu yahayna waa macangagnimo, macangagnimaduna waa aafada caqliga.

Waxaa la dhihi jiray: weynee ciddii kaa sarraysa, u dabac ciddii kaa hoosaysa, iskana hagaaji qaab la socodka aynigaaga. Sidaa oo kalana dhaqankaaga noocaan ah ha saameeyo la socoshada walaalaahaa, oo tan ayaa marag kaaga noqonaysa in weynayntaada dadka kaa sarreeya aanay ahayn mid ay keentay in aad isudhiibtay iyo in weynayntaada dadka yaryar aanay ahayn in aad ku doonaysid in ay kuu adeegaan.

La ma kamtayaal

Shan la gu ma kamto shan waxyaalood oo ay ka shallaayayaan: kan hagrashada leh markii ay hawshu dhaafto, walaalihii iyo saaxiibbadii kan ka go'ay marka ay belaayo ku habsato, kan talo xumadiisa isu gu gacangeliya cadowgiisa marka uu xusuusto tabar yaraantiisa, kii furay haweenay fiican marka lagu sallado xaas xun, kan dambiyada ku dhiirrada marka ay geeridu u timaaddo.

Maxaa waxtaraya

Waxaa jira waxyaalo aan hagaagayn jeer ay ku xiriirsamaan

waxyaalo aan looga maarmin: caqligu xalaalmiirasho la'aan wax ma taro, xifdugu caqli la'aan wax ma taro, xoog badniduna wadne geesiya la'aantiis wax ma tarto, quruxdu macaan la'aan wax ma tarto, dhalshadu edeb la'aan wax ma tarto, farxaddu nabad la'aan wax ma tarto, hodantinnimadu deeqsinnimo la'aan wax ma tarto, dadnimadu isdhuldhig la'aan wax ma tarto, qiime dhimistu ku filnaan la'aan wax ma tarto, dedaalkuna waafajin la'aan wax ma taro.

Iskutolan

Waxaa jira waxyaalo ku lammaanan waxyaabo kale: dadnimada dhammaanteed waxay ku lammaanan tahay caqliga, taladuna waaya-aragnimada, kamashaduna ammaanta, farxadduna nabadda, qaraabaduna gacaltooyada, shaqaduna kartida, tabacuna waxbixinta.

Sal iyo baar

Xididka caqligu waa kaadsiiyaha, miraheeduna waa badbaadada; xididka xalaalmiirashadu waa qanaca, miraheeduna waa wax helid; xididka waafajintu waa hawlqabadka, miraheeduna waa guusha.

Magacxumo

Faajirku kuma tirsana waxgaradka, beenlowguna dhawr-sanayaasha, hiil laawayguna deeqsiyaasha, abaal laawayguna akhyaarta.

Yaa kuu walaala

Ha la walaaloobin khiyaanoolaha, ha yaraysan tabar laawayga, ha na kaalmaysan wahsilowga.

Maxaa nafta nefis u ah

Waxa ugu weyn ee uu qofi nafis ku heli karo waa in uusan daba cararin waxa uu u hawoonayo, ma na ay dhacayso, iyo in uusan baacsan wax uusan u hawoonayn oo ayana shaki la'aan weeye in aanay dhacayn.

Baagamuuddo ha ku farxin

Kheyrka kiisa aad dedajisid ka faa'idayso, hawadana teeda aad dibdhigtid, daalkana wixii kugu soo noqda, ha na ku farxin baagamuuddada, shaqadana ha ka cabsan.

Dayaca Caqliga

Qofkii shay adduun uu la weynaado ee qooqa, wax uun wanaag ahna uu la yaraado ee hagrada, wax uun dambi ahna yasa ee ku dhiirrada, cadawna ku kedsooma oo haba yaraadee aan ka digtoonaan, hadde caqligiisu waa uu lumay.

Waxgaradku cidna ma fududaysto

Waxgaradku ma fududaysto qofna, dadkana waxaa ugu mudan in aan la sahaln saddex qolo: kuwa Alle ka yaaba, madaxda, iyo walaalaha. Qofkii fududaysta dadka Alle ka yaaba diintiisa ayuu halaagaa, kii madaxda fududaystana dunidiisa ayuu halaaga, qofkii walaalihii fududaystana dadnimadiisa ayuu halleeyaa.

Lammaanayaal

Qofkii arrimaha isku daya wuxuu kaalmaystaa lix: talo, waafajin, fursad, hiil, edeb, iyo dedaal.

Talada iyo edebtu waa lammaane, oo taladu ma buuxsanto edeb la'aan, edebtuna ma dhammaystiranto talo la'aan.

Hiilka iyo fursadduna waa lammaane, oo hiilku waxay

waxtar yihiin markii fursadi jirto, fursadduna hiilka oo aan joogin wax ma tarto.

Waafajinta iyo dedaalkuna waa lammaane, oo dedaalku waa sababta waafajinta, waafajinta ayuun buuna dedaalku ku guulaystaa.

Badbaadada waxgaradka

Waxgaradku wuxuu dambiyada waaweyn iyo ceebaha kaga badbaadaa qanaca iyo xisaabinta nafta.

Heli maysid waxgarad u sheekaynaya qof uu ka baqayo in uu beensado, waxna ma weydiisto qof uu ka baqayo in uu u diido, mana ballanqaado wax uusan oofintooda awoodi karin, mana uu jiriyo cid jirintiisa ku camajuujinaysa, kumana uu dhiirado wax uu ka baqayo in uu kari waayo.

Wuxuu naftiisa ka deeqaa oo uu kala cararaa wax lagu kanto kuwa warrama si aanay u gaarinba ceebta beenintu, wuxuu naftiisa kala cararaa waxa ay tuugsadayaashu qaataan si uu uga badbaado ceebta baryada, wuxuu naftiisa kala didaa ballanqaadka fiicnaantiisa si aanay u soo gaarin ballanburinta ceebteedu, wuxuuna naftiisa kala fogaadaa heerarka dhiirranayaasha si aanay gaabiska fadeexaddiisu ugu dhicin.

Waxgaradka

Caqli ma leh qofkii macaanka ay adduunyadu siiso uu aakhiradiisa moogaysiiyo, waxgaradnimana ma aha in ogaalka uu u leeyahay baabba'eedu ay seejiso qaybta uu adduunka ku leeyahayn.

Liibaane iyo Rejo ku nool

Waxaa kheyr helay laba qof: liibaane iyo rejoqabe. Liibaanuhu waa midka guulaystay, rejoqabuhuna waa mid aan murmaaye ahayn. Guulaystuhu waa kan hagaagsan inta uu ifka joogo, ayna ku dhacayso fidnooyinka ka dhasha muranka murmaayada ee ah baahida nafta iyo cadowga.

Liibaanaha Allaa boorrinaya, guuldarradaystahana sheydaanka

Liibaanaha Ilaahay ayaa aakhiro jeclaysiinaya jeer uu ka dhaho:wax aan ayada ahayniba ma jiraan. Markii uu adduunyada dheefshiido ee uu aakhiradiisa darteed uga saahidana Ilaahay ma uu seejiyo qaybtii uu adduunka ku lahaa, ka ma na uu dhimo farxaddii uu dunida guudkeeda ku heli lahaa.

Hoogahana sheydaanka ayaa dunida jeclaysiiya jeer uu ka dhaho:wax aan ayada ahayn ma jiraan. Deetana, Ilaahay ayaa u soo dedjiya calwinta adduunkii uu doortay, ayada oo ay wehliso hoogga uu dunida ka dib ku dhici doono.

Dadku waa afar

Dadku waa afar: deeqsi, dhabcaal, loofar, iyo dhaqaalayste.

Deeqsigu waa kan adduunkiisa oo dhan danta aakhiro ku bixiya.

Dhabcaalku waa midka aan labadooda middood qaybteeda siinayn.

Loofarku waa kan labadaba adduunyada isugu geeya.

Dhaqaalaystuhuna waa kan mid walba qaybteeda ku aaddiya.

Dadka kan ugu hanti badan iyo waxa ugu fiican ee qof la siiyo

Waxaa dadka ugu hodansan kooda ugu samafal badan.

Nin baa murtiile ku yiri: wax qof la siiyo maxaa ugu wacan?

Wuxuu yiri: caqli badnaan.

Wuxuu yiri: haddii la waayana?

Wuxuu yiri: barashada cilmiga.

Wuxuu yiri: haddii la seejiyana?

Wuxuu yiri: run sheegid.

Wuxuu yiri: haddii laga afqabtana?

Wuxuu yiri: aammus badnaan.

Wuxuu yiri: haddii laga qadiyayna?

Wuxuu yiri: geeri degdeg ah!

Ceebta ugu daran

Ceebaha qofka tan ugu daran waa in ay ceebtiisu ka qarsoonto. Qofkii ay ceebtiisu ka qarsoontana hadde wanaagga qayrkiina ma uu arkayo. Qofkii ceebtiisa iyo wanaagga qayrkii ay ka dahsoomaanna, ceebtiisana ka cayman mayo, wanaagga qayrkii ee uusan weligii arkayninna waxba ka soo gaari mayaan.

Dhaqannada xunxun

Sheegsheegid la'aanta ayaa ka wacan in xumi lagugu sheegsheego.

Qof faan badan oo loo bogay lama helo, qof caro badan oo faraxsanna may, qof xor ah oo damaaci ahna may, sharfane xaasidana may, dhuuni hodana may, jirjirroole walaalo lehna may.

Waxaa jira waxyaalo jaahilka farxad geliya, giddigoodna ay hooggiisa yihiin:

Waxaa ka mid ah in uu ku faano aqoon iyo dadnimo uusan lahayn.

Waxaa ka mid ah in uu dadka wanaagsan ku arko goyn iyo liidid lagu samaynayo oo uu ku wiirsado.

Waxaa ka mid ah in uu aqoonyahan deggan oo garnaqsi leh uu la sheekaysto oo uu hadalka la goosgoosto, deetana jaahilkaasi uu codka kor ugu qaado oo uu ku qayliyo, jaahiliinta hareeraha ka xigana ay u hiiliyaan oo qaylo iyo qosol badan ay isugu daraan.

Waxaa ka mid ah in ay ka dhacaan hadal ama fal ay duulku u bogaan oo lagu sheegsheego.

Waxaa ka mid ah in halka uu madasha ka fadhiyo ama heerka uu madaxda agtooda ka joogo ay ka sarrayso tan akhyaarta.

Macno darrada hadaljeediyaha

Waxyaalaha muujiya macno darrada qofka hadlaya waxaa ka mid ah in qosolkiisu uusan ku salaysnayn mugga hadalkiisa. Ama in uu hadalka ku qabsado saaxiibkii oo hadlaya si uu asagu hadalka u qaato ama in uu jeclaysto in saaxiibkii hadalka uu uga baxo oo uu u dhegraariciyo, markii uu u dhegraariciyana uu hadalka toosin waayo.

Hoggaamiyaha naarta iyo khasnajiga sheydaanka

Sharafta cilmiga ee aan diinta la xiriirin waa la gu halaagsamaa, anshaxa badan ee aan raalligelinta Eebbe iyo waxtarka akhyaarta ku saabsanaynna waa hoggaan naareed. Xifdinta maskaxbadnida iyo weelaynta ah ee aan ku saabsanayn cilmi dheef lehna waxay wax u dhintaa camalka wanaagsan. Caqliga aan dambiyada kaa weecinna waa keyd shaydaan.

Cabsida ugu daran

Jaahilka sharkiisa kaama ay dhiciso qaraabannimo, derisnimo, iyo u dummitaan toonna. Marka uu aadanuhu dab kacay ugu cabsi badan yahay waa marka uu ugu dhow yahay. Sidaa oo kale weeye jaahilkuna, oo haddii uu kula derso, waa uu ku noojinayaa, haddii uu tol kula yahay dhib buu kuu soo jiidayaa, haddii uu kuu dummana, wax aadan qaadi karin ayaa uu duudka kuu saarayaa, haddii aad wada dhaqantaanna waa uu ku dhibayaa oo waa uu ku cabsi gelinayaa; ayada oo ay intaasi jirto ayaa waxaa u sii dheer in marka uu gaajoodo uu yahay bahal halis ah, marka uu dhargana boqor kakan, marka uu diinta kugu waafaqana hoggaamiye naarta kuu sii hoggaansada. Waxaa kuu eg in aad uga carartid si ka daran sida aad uga carartid sunta abeesada, dabka halista ah, daynta laga quusayda ah iyo cudurka aan caymada lahayn.

Kartiiluhu muxuu sameeyaa

Waxaa la dhihi jiray cadowgaaga xoogaa u dhawoow, dantaada waad gaaraysaa, si buuxdana ha ugu dhawaan si uusan cadowgaagu kuugu dhiirran oo aadan isu liidin, hiilkaaguna aanay kuu nicin.

Waxaa taa la mid ah tiirka meel qorrax ah la ga taagay oo haddii aad in yar leexisid harkiisu waa uu kordhayaa, haddii aad leexintiisa xadka dhaafisidna harkiisu waa uu yaraanayaa.

Kartiiluhu cadowgiisa ka ma aammin noqdo marna: haddii uu fog yahay weerarkiisa ka ma aammin noqdo, haddii uu u dhaw yahay filashada soobooddadiisa ka ma uu aammin noqdo, haddii uu bannaanyaal yahay ka ma aammin baxo isdaadraacin-tiisa iyo gaadmadiisa, haddii uu arko asaga oo keligiis ahna dhagartiisa ka ma uu aammin baxo.

Hoggaamiyaha go'aan adaygga leh talada wasiirrada wuxuu ku kororsadaa go'aan adayg sida badduba waxa ku dhex jira ay uga kororsato webiga.

Guushu waa go'aan adaygga, go'aan adaygguna waa rogrogga talada, taladuna waa ilaalinta siraha.

Dheefta tashiga

Qofka dadka la tashada ha ba ka talo fiicnaado cidda uu la tashanayo e, waxa uu taladiisa ku biirinayaa talo, sida dabkuba uu shidaalka[5] ugu sii qaxmo.

---

5   Sida saliidda iyo wixii la mid ah. Shidaalka waxaan u doorannay waa in aan fahanka casriga u soo dhawaynayo. T

Qofka la la tashto waxaa la ga doonayaa in uu qofka la tashtay ku raaco wixii in ay qumman yihiin uu u arko, uu na u dhimriyo tusinta gefka, iyo wixii ay ku shakiyaan in ay isla rogrogaan jeer wadatashigoodu u toosmo.

Damaca iyo legdinta dabacsanida

Kibiraanigu yuusan quudarrayn sumcad fiican, dhagarqabuhuna saaxiibbo badan, edeblaawayguna sharaf, bakhaylkuna ammaan, damaaciguna walaalo, hoggaamiyaha isla qummanna negaansho.

Legdinta debecsanaanta ayaa ka dabarjari og legdinta iskibrinta.

Afar shay

Afar waxyaabood intooda yar la ma yaraysto: dabka, jirrada, cadowga, iyo diinta.

Qofka ugu qaddarin mudan

Waxaa dadka qaddarin ugu mudan hoggaamiyaha dulqaadka leh, ee ogsoon arrimaha, fursadaha shaqada, meelaha u baahan: adaygga, debacsanida, carada, raallinoqoshada, faajafaajaynta, iyo kaadsiiyaha, ee haddana ka fakaraya arrimaha maanta, berri iyo waxa uu samaynayo cawaaqibkooda.

Kartiilaha iyo laciifka

Sababta uu tabarlaawygu ku helayo dantiisa ayaa ah isla midda ka la teedaysa kartiilaha iyo dantiisa.

Waxgaradka iyo sharfanayaasha

Waxagaradka iyo sharfanayaashu wanaag walba waxay u doonaan xiriiriye iyo jid.

Gacaltooyada akhyaartu dhaqsaba way curataa,

go'iddeeduna way soo jiitantaa, waa sida koob dahab ka samaysan oo jabitaankiisu waa uu daahaa, hagaajintiisuna waa ay sahlan tahay.

Gacaltooyada ehlu sharka u dhaxaysana durba waa ay go'daa, xiriirkeeduna waa uu soo daahaa, waana sida ubbo[6] la ga sameeyay dhoobo oo waxaa jabisa cayaarta ugu yar dib dambana uma ay kabanto.

Sharfanuhu waxa uu gacaltooyadiisa ku bixiyaa kulan mar ah ama barasho maalin. Liitaaguna qofna u ma uu xiriiriyo dan ama cabsi wax aan ka ahayn.

Oo ehlu adduunku waxay isku la dhaqmaan oo ay arrimahooda ku saleeyaan laba shay: waxa nafta ku jira iyo waxa gacanta lagu hayo.

Kuwa isdhaafsada waxa gacanta ku jira waa kuwa iskaalmaysta ee baashaala, waxtarkooduna ku salaysan yahay isu fulinta danaha iyo kala aarsiga.

Wax walba waa hantida

Dhaanraacyada, taageerayaasha, saaxiibka, iyo adeegayaashu waa uun hantida. Dadnimada wax aan hanti ahyn ma ay muujiyaan. Talada iyo awoodduna ma aha wax aan maalka ahayn.

Qofkii aan walaalo lahayn ehel ma leh, qofkii aan ilmo lahayn magac ma leh, qofkii aan caqli lahaynna adduun iyo aakhiro toonna ma leh, qofkii aan xoolo lahaynna waxba ma uu laha.

Faqrigu waa kulmiska belada

Faqrigu waxa uu qofkiisa ugu wacaa carada dadka, wuxuuna siibaa caqliga iyo dadnimada, wuxuu dhaafsiiyaa aqoonta iyo

---

6   Ama jalxad iyo aashuun.T

edebta, waana meelkasoojeedka tuhmidda iyo barkulanka belaayada.

Qofkii uu faqrigu ku habsado dantu waxay biddaa in uu xishoodka ka tago, qofkii xishood beelana farxad ma leh, qofkii farxad beelana waa la nacaa, qofkii la nacana waa la dhibaa, qofkii la dhibana waa uu murugoodaa, qofkii murugoodana caqliga ayaa ka taga, xifdigiisa iyo fahankiisana waa la garan waayaa.

Qofkii laga galo caqliga, fahmadda, iyo xifdigana waxa uu ku hadlayo iyo waxa uu falayo badidood waxay noqdaan wax asaga ku soo noqda oo aan asaga wax ugu ool.

Markii uu qofku faqriyo waxaa tuhma qofkii hore u aamminay, waxaa u male xumeeya qofkii hore u male wanaagsanaa, markii ay cid kale dambi gashana asaga ayaa ay u maleeyaan, oo tuhunka iyo malaha xun ayaa asaga qabta.

Ma jirto sifo hodanka ammaan u ah oo aan faqiirka ceeb u ahayn, oo haddii lagu magacaabo geesi waxa uu noqdaa maqiiqane, haddii uu deeqsi yahayna waxa uu noqdaa kharbude, haddii uu dul badan yahayna waxa uu noqdaa tabarlaaway, haddii uu deggan yahayn damiin, haddii uu aftahan yahay daroori, haddii uu aammus badan yahayna afgarooc.

Geeridu waa raaxo

Waxaa la dhihi jiray: qofkii lagu sallado jirro aan jirkiisa ka bixin ama waayidda gacal iyo walaalo ama qurbe uusan ku haysan hoy iyo harsiimo oo uusan filanayn noqosho ama baahi baryo ku khasabta, waxay noloshu u tahay geeri, geeriduna waa raaxo.

Beladu waa damaca iyo iimaanyoognimada

Waxaan ogaannay in waxa dadka u soo jiida belaayada adduunka ay yihiin damaca iyo iimaanyoognimada, qofka adduunraaca ahna ka ma uu baxo isbedbeddelka belaayooyinka iyo daalka maadaama uusan ka faraxalan damaca iyo iimaan-yoognimada.

Culumada maxay dhaheen

Waxaan culumada ka maqlay: ma jiro caqli agaasinka u dhigma, xalaalmiirasho kaaftoon la mid ah, sharaf dhaqan wanaagga la mid ah, hoddannimo qanaca la mid ah. Wax lagu sabro waxaa ugu mudan waxa aan lahayn si lagu beddelo. Samafal waxaa ugu fiican naxariisashada, gacaltooyada madaxeedu waa bixin bilaa hadal ah, caqliga madaxiisu waa kala garashada waxa suuroobaya iyo waxa aan suuroobayn, degganaanta nafeedna waa ka tegidda wixii aan jid loo maro lahayn. Dunidana laga ma helo farxad u dhiganta walaalo lala saaxiibo, ma na ay jirto murug u dhiganta murugta waayitaankooda.

Dhammaysnimada hadalka wanaagsan

Hadalka wanaagsan ma dhammaystirmo fal wanaagsan la'aantiis, waa sida bukaan yaqaanna cudurka naftiisa, haddii uusan isdaawaynna aqoontiisu waxba tari mayso.

Ruux dadnimo leh

Qofka dadnimada leh in xoolo la'aan la sharfo waa suure si la mid ah sida libaaxa looga haybaysto raqba ha ahaadee.

Qof aan dadnimo lahayn waa la dulleeyaa xitaa haddii uu maalqabeen yahay, sida eygaba loo liido haddii xitaa silisyo iyo jinjimo loo geliyo.

Kula dedaal naftaada

Waxaad naftaada kula dedaashaa wixii aad ehlukheyr ku noqonaysid. Haddii aad sidaa yeeshid kheyrka ayaa ku soo raadsanaya oo kuu imanaya sida biyuhuba ay u raadsadaan dul ama dalcad ay ka hoobtaan.

Waxyaalo aan negaan

Waxaa la yiri: waxaa jira waxyaalo aan negaan oo aan sii jirayn: harka daruurta, saaxiibbada xun, jacaylka haweenka, warka beenta ah, iyo hantida badan.

Qof waxgarad ah kuma uu farxo badnaanta xoolaha, yaraantoodana kama uu murugoodu. Laakiin xoolihiisu waa caqligiisa iyo wixii wanaag ah ee uu hormarsaday.'

Kan ugu habboon

Waxaa dadka ugu mudan fadliga farxadda, nolosha hagaagsan iyo ammaanta wacan waa qofka aanay gurigiisa cagta ka qaadin walaalihii iyo saaxiibbadiisa hagaagsan, mar walbana ay agtiisa karooran yihiin, farxad geliya oo ay ka farxiyaan, danahooda iyo hawlahoodana u fuliya, oo qofka wanaagsan haddii uu kufo keliya waxaa kiciya dad sharfan, sida maroodigaba aanay maroodi kale mooyee cid kale uga saari karin dhiiqada ku dhegta.

Wax weyn wax yar ku iibso

Waxgaradku ma uu arko wanaag uu sameeyay haba badnaadee, haddii uu naftiisa halis geliyo oo uu wax wanagaasan khatar ugu galana ceeb uma uu arko, mayee, waxa uu og yahay in uu wax dhammaanaya ku doortay wax waaraya, wax weynna uu wax yar ku iibsaday.

Waxgaradku cidda ay ugu kamasho badan yihiin waa kan loogu weydiinta badan yahay ee ugu aragti toosan iyo kan loogu magansi badan yahay ee magangeliyaha ah.

Wadaagsi

Qof aan xoolihiisa la la qaybsan ha ku tirin hodanka, barwaaqana ha ku tirin wixii dacaraysan ee magac xunna soojiida, dheeftana ha ku tirin tii qaan kuu horseedda, qaantana ha ku tirin tii dheef kuu keenta, nolosha ha ka la qabsan wixii aad gacalka ku kala tegaysaan.

Murugo wadaag

Waxyaalaha kaalmeeya iska maaweelinta murugada iyo xasiloonida nafta waxaa ka mid ah kulanka walaalaha iyo in ay si laabxaaran isaga warramaan waxa laabtooda hurinaya.

Haddii qofku waayo qofkii ay isu dummi jireen, hadde waxaa laga qaaday xasiloonidii, waxaana la seejiyay farxaddiisii.

Kud ka guur oo qanjo u guur

Waa dhif in aan dalcad dhibaato ka daadegno oo aynaan tu kale tafin.

Isbedbeddelka xaaladaha iyo isdabajooggeda

Dhabtii, run buu sheegay qofkii yiri:qofku socodka ma daayo jeer uu kufo, haddii uu mar bacaadka ku kufana bacaadka ayaa liqa xitaa haddii uu meel siman bacaadka ka maro[7], sababtuna waa in qofka ay belaayadu ku beeggan tahay, uusan gedgeddoonka iyo isrogorgga waayaha ka baxsan karin, wax u joogaya iyo wax la sii jirayana aanay jirin, si la mid ah sida soobixidda xiddigaha aanay soobixiddoodii ula sii joogayn, dhiciddoodana aanay ula sii jirayn dhiciddu, laakiin waxay ku jirayaan gedgeddoon iyo isdabasocod, oo soobixiddu waxay noqon dhicid, dhicidduna soobixid.

---

7   Barwaaqadu ma waarto, mar haddii ay qofka la barriiqatana, ka ma uu wada samatabaxo musiibadii ku dhacday.T

MALAB

Cabdillaahi bin al-Muqafac waxa uu yiri:

Dadkii na ga horreeyay waxaan ku soo gaarnay in ay na ga jir weynaayeen, jirweynidaa la jirkeedna ay na ga dulqaad badnaayeen oo ay naga awood badnaayeen, awooddoodaa la jirkeedna ay arrimaha nooga wanaajin badnaayen, ay na ga cimri dheeraayan oo cimrigoodaa la jirkiisna ay arrimaha noo ga doorasho fiicnaayeen.

Kooda ehludiinka ah waa uu uga xeeldheeraa arrimaha diinta aqoon ahaan iyo ku dhaqan ahaanba ehludiinkeenna, kooda adduunraaca ahna sidaa oo kale ayuu ahaa xagga aftahamada iyo sharafta.

Waxaan ku soo gaarnay in aanay ku raalli noqon fadliga la siiyay jeer oo ay na wadaajiyeen wixii ay soo gaareen ee aqoonta adduun iyo tan aakhiro, oo waxay ku qoreen buugaag waaraya, waxay sameeyeen maamhmaayo dawo ah, waxayna nooga filnaadeen mashaqada waaya-aragnimada iyo dhugbadnida.

Danayntoodu waxay gaartay in midkood loo furo cutub aqooneed ama eray qumman asaga oo aan joogin degaan aan qoraal ugu suuroobayn oo uu markaana dhardhaarrada ku dul qoro asaga oo ka la degdegaya geerida iyo kahasho uu nacayo in ay ka lunto dadka asaga ka dambeeya.

Hawshoodaasi waxay ka dhignayd sida uu yeelo waalidka u turiddda badan ilmihiisa, u naxariista ee u samafala, ee u tabcaya xoolaha iyo maguurtada asaga oo uga dan leh in aanay tabaca ku shiddoobin iyo baqdin uu ka baqayo in ay wax waayaan haddii ay tabcasho galaan.

Waageennaan aqoontu waxay ku eg tahay in aqoontoodii wax laga barto, keennii qummanna yoolka qummanaantiisu waa in uu ku daydo habdhaqankoodii.

Waxa ugu fiican ee keennii hadla uu hadalka ku heli og yahayna waa in uu eego kutubtoodii oo uu noqdo sidii qof ayaga la sheekaysanaya, wax ka maqlaya oo ayaga ku raadjooga.

Laakiin waxa aan buugtooda ugu tagayno waa aragtidooda intii la soo haadiyay iyo intii hadalkooda la ga soo xulay oo qur ah.

Ma aannaan helin wax dhaafay, aysanna uga horrayn qof wax sifayn yaqaanna wax uu maqaal ku tilmaamo: hadday noqon lahayd weynaynta Eebbe, isku boorrinta waxa xaggiisa jira, yasidda adduunyada iyo iska saahidinteeda, tifaftirka noocyada aqoonta, qaybinta qaybaheeda, goobagoobaynta gobolladeeda, caddaynta wadiiqooyinkeeda, muujinta halka loo doonanayo, iyo jiho walba oo ka mid ah jihooyinka edebta iyo akhlaaqda.

Qof ayaga ka dambeeyana hadal ugu ma uusan harin arrin weyn iyo arrin yar toonna.

Arrimaha guntoodu hoosayso meelo ka mid ah ayaa waxa ay u hartay dadka fahmada gaaban, kuwaa laftoodana waxaa la ga soo dhambashay murtidii waaweynd ee dadkii hore iyo hadalladoodii, waxaana kuwaas ka mid ah waxa anigu aan haatan ku qorayo buuggaygaan oo ku saabsan wax ka mid ah edebta ay dadku u baahan yihiin.

EDEBSAME

Edebsane, laanta aqooneed ee aad doonaysid aqoonso asalkeeda iyo faraceeda, oo dad badan waxay bartaan faraca ayaga oo asalkii dayacay, sidaana ogaalkoodu ku ma noqdo ogaal. Qofkii asalka barta, faraca ayaa uu kaga kaaftoomaa, in uu faraca barto asalka ka dib ayaa se u sii fiican.

Waxaa diinta u asal ah in rumayntaada iimaanku ay saxan tahay, dambiyada waaweyn aad ka fogaatid, faralkana aad gudatid. Waxaad sidaa ugu dhegganaataa sida uu ugu dhego qof aan hal ilbiriqsina ka maarmin, iyo sida qofkii og in haddii la seejiyo uu halaagsamayo. Intaa ka dib haddii aad kartid in aad uga sii gudubtid fahmidda diinta iyo cibaadaysiga, hadde ayada ayaa sii fiican oo sii ebyoon.

Jirka fayoobidiisa waxaa u asal ah in aadan duudka u saarin xagga raashinka, cabbitaanka, iyo galmadaba, wax yar mooyee. Intaa ka dib haddii aad kartid in aad ogaatid dhammaan wixii waxtar u leh iyo wixii dhib ku ah ee aad kuna inficaadid, hadde sidaa ayaa sii fiican.

Geesinnimada iyo kartida waxaa asal u ah in aadan naftaada ugu sheekayn cararid ayada oo ay saaxiibbadaa cadowga ku lisayaan. Ka dib se haddii aad kartid in aad noqotid kan gacanta u horreeya leh iyo kan ugu dambeeya ee ka soo baxa adiga oo aan digtoonida ka tegayn, hadde sidaa ayaa sii fiican.

Deeqsinnimo waxaa u asal ah in aadan xuquuqda dadkeedii kala masuugin. Taa ka dib se haddii aad kartid in aad kii xaq lahaa xaqiisa u kordhisid, kii aan lahaynna aad ku galladdid, hadde samee ayadaa sii fiicane.

Hadalka waxaa asal u ah in aad dhacdhaca kaga badbaaddid isdhawrid. Ka dib se haddii aad heshid hadal qotodheer, hadde sidaa ayaa sii fiican.

Nololmaalmeedka waxaa u asal ah in aadan ka joogsan raadinta xalaasha, in aad hagaajisid kala agaasinka waxa aad faa'idaysid iyo waxa aad bixinaysid. Xoolo badnaan aad ku jirtid yaanay middaa ku seejin. Waayo? Dadka dunida ugu halista badan, waa kuwooda ugu baahi badan agaasinka, madaxda ayaana ugu sii baahi badan, oo shacabku xoolo la'aan way isaga sii noolaan karaan., madaxduna xoolo la'aan ma joogi karaan. Intaa ka dib se haddii aad kartid in aad tartiibsatid oo aad kaadsiiyo ku lartid doc kasta ee aad u maraysid raadinta xoolaha iyo aqoonta, hadde sidaa ayaa sii fiican.

Aniguna waxaan kugu waaninayaa waxyaalo anshaxa wacan ka mid ah, arrimo dahsoon oo haddii ay da' ku taaban lahaydna aad ku beegmi lahayd barashadooda xitaa haddii aan lagaa ga warrameen. Waxaan se jeclaaday in aan kuu soo gudbiyo ayada oo eray ah si aad naftaada ugu laylisid inteeda san ka hor inta aadan ku dhicin caadoyinkeeda xunxun, oo aadanaha waxaa yaraantiisa u soo degdega waxyaalo xunxun, waxaana laga yaaba in wixii ka soo gaarana ayba ka xoog bataan.

HOGGAANKA

Hoggaamin lagu gu jirrabyaa, culumada maganso

Haddi lagu gu jirrabo madaxnimo waxaad magansataa culumada. Ogsoonoow, waxaa yaabkeeda leh in qofka lagu jirrabo madaxdnimo oo uu u baahdo in uu yareeyo saacadihiisa shaqada oo uu ku kordhiyo saacadihiisa raaxada, firaaqada, baahinafeeddiisa, cayaartiisa, iyo hurdadiisa. Taladu waxa weeyaan, xaqna loo gu leeyahay waa in shaqadiisa uu hawlihiisa waqti uga soo jaro, oo uu qaar ka soo qaado cunnadiisa, cabbiddiisa, hurdadiisa, sheekadiisa, cayaartiisa, iyo xaasaskiisa. Cayaari waxay timaadda firaaqo ka dib!

Haddii aad qabatid xil uun laba midkood noqo: qof ku faraxsan, ilaashanaya oo ka cabsanaya in uu waayo ama qof kahanaya oo la gu dirqiyay. Qofka kahanaya waxa uu ka shaqaynayaa dullinnimo: ama boqorrada ayaa uu u dullaysan yahay haddii ay ku dirqiyeen ama wuxuu u dullaysan yahay Ilaahay waa haddii aanay xilka cidi uga sarrayn. Hadde adiguna waad og tahay in qofkii ku talaxtaga u dulloobidda madaxda ay halaagaan e, naftaada halaagga waddo ha uga furin.

Iska jir ammaan jacaylka

Iska jir-haddii aad madax tahay, in ay dhaqankaaga ka mid noqoto ammaan jacaylka iyo hadalhaynta fiican iyo in ay dadku sidaa ku gu bartaan, deetana ay noqoto wax lagu gu caayo oo ay kaa soo weeraraan, albaab ay kaaga soo dusaan, iyo xan ay kugu xantaan oo ay ku maadsadaan.

Ogow, in qofka aqbala ammaanta uu la mid yahay sidii qof is ammaanay. Waxaa qofka la gudboon in jacaylka uu ammaanta u qabo ay noqoto tan ku riixayso in uu iska fogeeyo, oo qofkii ammaanta iska fogeeya waa uu ammaanan yahay, kii soo dhaweeyana waa uu ceebaysan yahay.

Waxa aad xil ugu baahatid saddex waxyaabood ha noqdaan: raalligelinta Eebbahaa, raalligelinta hoggaamiyaha haddii uu kaa sarreeyo iyo raalligelinta dadka aad madaxda u tahay kuwooda hagaagsan.

Wax dhib ah ma leh in aad ka mashquushid xoolaha iyo maamuuska, waxaa labadaba kaaga imaanaya intooda fiican ee wanaagsan ee la gu kaaftoomayo.

Saddexdaa waxyaaboodba waxaad dhigtaa booska waxa aadan ka maarmi karayn, xoolaha iyo sumcaddana waxaad dhigtaa booska waxa aad ka maarantid.

Aqoonso fadliga dadka diinta iyo dadnimada leh ee dhammaan magaalooyinka, tuulooyinka iyo qabiillada.

Ha noqdaan walaalahaa, caawiyayaashaada, saaxibbadaa, xulkaaga, khusuusidaada, lagu kalsoonayaashaada iyo kuwa aad isdhexgalka leedihiin.

Yaanay marna uurkaaga gelin in haddii aad cid la tashatid ay kaa muuqanayso in aad u baahan tahay qof kale taladiis-illeen adigu talada ugu ma baahnid in aad ku faantid e, waxaas u doonaysid waa in ay wax ku tarto. Haddii aad magac wanaagsan rabtid oo aad isleedahay dadka fiican ha lagugu tiriyo, hadde labadaa doorasho magaca middiiba ka dhalanaya ka fiican ee dadka wanaagsanna qiimaha agtooda ka leh waa in la yiraah-do:taladiisa isku ma uu koobo, oo asaga oo dadka la tashan go'aan ma uu qaato.

Haddii aad doonaysid raalligelinta dadka oo dhan, waxaad doonaysaa wax aan la gaari karin. Sidee dadkaa badan ee kala duwan ay isku aragti kaaga noqdaan? Maxaad uga baahantahay raalli ahaanta qof raalli noqoshadiisu ay gardarro iyo dulmi tahay, waafaqsanaantiisuna ay lumid iyo jahli tahay? Raadi intooda fiican iyo intooda waxgaradka ah in ay kaa raalli noqdaan, haddii aad intaa heshidna inta soo hartay culaabtooda ayagaa kaaga filan.

Hoggaanka maxaa shacabkiisa ka la gudboon

Dadka waaya-aragnimada fiican leh ha u suuragelin in ay kugu dhiirradaan, intooda kalana ha u suuragelin in ay ayaga ku dhiirradaan oo ay ceebeeyaan.

Shacabkaagu ha aqoonsadaan irdaha aan la'aantood la gu helayn wanaaggaaga iyo irdaha ayaga mooyee si kale aysan kaaga baqayn.

Waxaad si buuxda ugu dedaashaa in aad xogogaal u ahaatid arrimaha shaqaalahaaga, markaana kii gefa waxa uu ka cabsanayaa ogaalkaaga ka hor inta aadan ciqaabinba, koodii wanaagsanna waxa uu ku farxayaa ogaantaada ka hor inta aadan abaalmarin.

Waxyaabaha ay dadku ka og yihiin akhlaaqdaada ha ka mid noqdaan in aadan ku degdegin abaalmarinta iyo ciqaabidda middoodna, oo taasi waxay u fiican tahay joogtaynta cabsida inta kaa baqaysa iyo rejada inta kaa rejo qabta.

Naftaada la qabadsii u adkaysiga dadka kaa aragti duwan ee ku waaninaya iyo kabbashada erayadooda kakan iyo canaantooda. Arrintaanna ha u fududayn [oo ha u oggolaan] cid aan ahayn waxgarad, waayeel iyo wax-isku-fale, si aan laguugu baran wax ay maangabku ku soo dhiirradaan ama uu nacabku kugu liido.

Qabashada waxa yar waxa weyn way lumisaa

Ha ka tegin arrimahaaga waaweyn qabashadooda si aanu heerkaagu u yaraan, hana joogtayn qabashada waxa yaryar si aanay hawlaha waaweyn u dayacmin.

Ogsoonoow, taladaadu wax walba ma wada gaari kartee, wixii muhiim kuu ah u kansho hel. Hantidaadu dadka oo dhan ma deeqi kartee, kuwa xaqa u leh u gooni yeel. Sharaftaadu dadka oo dhan ma gaari kartee, dadka gobannimada leh u janjeeri [wejigaaga iyo magacaaga wax ku tar]. Habeenkaaga iyo maalintaadu ma ururin karaan danahaaga oo dhan xitaa haddii aad har iyo habeen u hawshootid, ayada oo uu jirkaagu xoogaa nasasho ah u baahan yahayna ma dano dhammaysan kartid e, si wanaagsan ugu qaybi shaqadaada iyo nasashadaada.

Ogoosoonoow, taladaada haddii aad ku bixisid wax aan muhiimad lahayn wuxuu hoos u dhigayaa wixii muhiimka ahaa, maalkaaga haddii aad baaddil ku bixisidna waxaad waayaysaa amminka aad u baahatid in aad xaq ku bixisid, sharaftaada wixii aad wax ku tartid dadka kharriban waxay ku dhibaysaa marka aad u weydid dadkii gobonnimada lahaa, waxaan dan kuu ahayn ee aad habeenkaaga iyo maalintaada ku mashquulisid, dantaaday kala dhantaashaa.

Carada ba'an iska jir

Ogsoonoow, in ay dadka ku jiraan qaar badan oo marka ay caroodaan ay caradu la gaarto waji cabbuusnimo iyo in uu afka u buuro cid aan ahayn ciddii ka caraysiisay, in uu hadal xun ku dhaho qof aan dambi lahayn, in uu ciqaabo qof aan ahayn kii uu ciqaabta la damacsanaa, ciqaab af iyo addin ah in uu ugu darnaado qof uusan intaa ka yar mooyee wax kale la doonayn. Ka dibna waxay raallinoqoshadu la gaaraysaa marka uu raalli noqdo in uu arrin weyn bilaash ku siiyo cid aan heerkaa agtiisa ka joogin, uu wax siiyo qof uusan doonayn in uu wax siiyo, uu karaameeyo cid uusan doonayn in uu sharfo oo aan xaqna ku lahayn gacaltooyana uusan u hayn.

Dhankaanna si buuxda uga digtoonoow! Waayo? Ma jirto cid ka arrin xun hoggaamiya awooddiisa ku talaxtagaya kolka uu caroodo, ku na degdegaya raallinoqoshadiisa. Oo haddii la gu tilmaamo qof mararka qaar waasha ama jin cuno in marka uu caroodo uu ciqaabo qof aan ahayn kii ka caraysiiyay ama marka uu raalli noqdo uu wax siiyo qof aan ahayn qofkii raalligeliyay waxay noqon lahayd sifo ku bannaan.

Madaxnimadu waa saddex

Ogow, madaxnimadu waa saddex: madaxnimo diineed, madaxnimo kartiyeed, iyo madaxnimo hawo raacnimo.

Madaxnimada diineed haddii uu dadka diintooda u toosiyo oo ay diintoodu noqoto tan siinaysa xaqooda, waxa la gu leeyahayna ka qaadaysa, waa ay ku raalli noqdaan, kooda caraysanna waxa uu la heer noqdaa sida qofka ku raalli noqday qirashada iyo isdhiibidda oo kale.

Madaxnimada kartiyeed arriimuhu waa ay isugu dubbadhacaan, ka ma na ay caymato in wax la ga sheego iyo in la caraysnaado. Eedaynta tabarlaawayguna dhib ma leh ayada oo uu xoogweynuhu go'aan adag leeyahay.

Madaxtinnimada hawo raacnimadu waa saacad ciyaar ah iyo halaag waayo jira..

Dhexdhexaysiga hadalka iyo salaanta

Haddii uu hoggaanku yahay dawlad cusub oo aad aragtid arrintii oo talo la'aan toostay, taageerayaal ku filnaaday siismo la'aan, hawlo guulaystay karti la'aan, yaanay ku gu kedin oo ha u hoggaansamin. Wixii cusub nafaha qaar ayaa ka haybaysta, qaar kalana waa ay u macaansadaan, oo markaana qolo iskood ayaa ay ugu hiiliyaan, qaar kalana wax ay ku qabaan darteed. Sidaa ayuu muddo aan dheerayn arrinku isu gu toosaa, deetana waxay arrimuhu ku soo noqdaan xaqiiqadoodii iyo asalkoodii. Arrinkii aan lagu dhisin tiirar adag iyo udubdhexaad aan adkayn, ma foga dumiddiisa iyo dildillaaciisu.

Ha noqon qof hadal iyo salaan yar, ha na gaarsiin heer aad ku talaxtagtid furfurnaanta iyo bashaashnimada, oo middood waa islaweyni, tan kalana waa macna darro.

Kalsoonida maxaa beera

Haddii aad arrimahaaga isu gu dubbaridaysid oo aad cadowgaagana ugu duulaysid adiga oo wata duul aadan ku kalsoonayan diin ahaan, talo ahaan, iyo niyad aan ilaashanayn, waxba ku tari mayaan jeer aad gaartid haddii aad awooddid in aad u soo duwdid talada iyo edebta ayada oo kale ay kalsoonidu ku beeranto ama aad iska beddeshid haddii aad u soo wareejin weydid waxa aad doonaysid. Ha ku kadsoomin in qayrkaa aad ayaga kaga xoog badan tahay, illeen waxaad markaa la mid tahay sidii qof fuushan libaax qofkii eega uu ka haybaysanayo, asaguna kan fuushan ka haybad badan.

Carada iyo beenta ka fogow

Hoggaamiyuhu ma aha in uu xanaaqo ileen awoodduba waxay ka dambaysaa [u hoggaansan tahay] dantiisa. Ma aha in uu been sheego illeen cidina ma ay awooddo in ay ku khasabto wax uusan doonayn. Ma aha in uu dhabcaal noqdo ileen asagaa ugu cudurdaar yar ka baqidda faqriga. Ma aha in uu cuqdadlaw noqdo illeen heerkiisu waa uu ka sarreeya la ficiltanka dadkee. Ma aha in uu dhaar bato illeen qofka dadka ugu mudan in uu dhaar iska ilaaliyo waa hoggaamiyaha. Sideedana waxaa qofka dhaar ku riixa waa uun waxyaalahaan middood: in ay tahay liidasho nafeed iyo isubihinbinta iyo u baahashada in ay dadku rumaystaan ama waa afgaroocnimo oo dhaarta ayaa uu ka dhiganayaa meelbuuxsi iyo xiriirin ama waa in uu ogaaday in ay dadku hadalkiisa tuhunsan yihiin oo markaa wuxuu isla simayaa heerka qof aanay dadku warkiisa maqlin jeer uu dhaar isku kallifo ama waa cantaraaqash ama carrabkiisa ayaa uu furayaa kaadsiiyo la'aan iyo ka baaraandegid la'aan iyo in uusan caado u lahayn hadal toosan iyo wax iska hubin.

Isku hallaynta hawlkarka

Hoggaamiyaha ceeb ku ma ay aha baashaalkiisa, jiifoo jaqiisa, cayaartiisa iyo dheeshiisa haddii uu arrimaha waaweyn asagu qabto, wixii muhiim ahna uu meel ku ogaado, wixii ka soo harayna uu u diro dad ku filan.

Waxa qurxiya dulmiga ee baaddilka sababa

Qof walba waxa uu mudan yahay marka uu ka fakaro arrimaha dadka in uu aragtidiisa ku tuhmo isha shakiga, qalbigiisana isha naca oo labadooduba [qalbiga iyo isha] waxay qurxiyaan dulmiga, waxay qof ku riixaan baaddilka, wanaagga way u suuraxumeeyaan, xumaantana waa ay u qurxiyaan. Waxaa dadka ugu mudan in uu fakarkiisa ku tuhmo isha shakiga iyo isha naca waa hoggamiyaha wixii qalbigiisa ku soo dhaca ay kordhayaan ayada oo ay weheliso waxa taa u sii suurgelinaya ee ah qurxinta saaxiibbada iyo wasiirrada.

Waxaa dadka ugu mudan in uu caddaalad isku khasbo xagga fakarkiisa, hadalkiisa iyo ficilkiisaba waa hoggaamiyaha wixii uu dhaho ama uu sameeyaba ay noqonayaan hawl fulin mooyee aan ka noqosho lahayn.

Hoggaamiyuhu ha ogaado in ay dadku madaxda ku tilmaamaan ballan xumo iyo illowshaha gacaltooyada, ha na u rafaado sidii uu warkooda u burin lahaa, naftiisa iyo madaxdana ha ka buriyo sifooyinka xun ee lagu tilmaamo.

Dabagalka hoggaanka ee arrimaha shacabka iyo ka fogaanshihiisa xaasidnimada

Hoggaamiyaha waxaa xaq loogu leeyahay in arrimaha yaryar ee bulshadiisa uu baarbaaro-arrimaha waaaweynna warkoodaba daa, oo shayga yar meel lagu nafacsado ayaa uu leeyahay, shayga weynna meel aan looga maarmi karin.

Arrimaha bulshada marka uu hoggaamiyuhu xogtooda daanayo ha u daymo lahaado baahida akhyaartooda iyo xortooda, ha na ka shaqeeyo sidii uu u dabooli lahaa, ha dirqiyo kuwa liita qooqooda, ha na ka baydado sharfane baahan iyo liite dharagsan, oo sharfanuhu waxa uu weerar tagaa marka uu gaajoodo, liituhuna marka uu dharagsan yahay.

Hoggaamiyaha uma ay eka in uu ku xasdo kuwa xilalka haya wax aan ahayn maamul wanaagga. Hoggaamiyuhu yuusan xaasidin cid ka hoosayso illeen asagu arrintaan waa uu uga cudurdaar yar yahay shacabka oo waxay xaasidaan ciddii ka sarraysa- midkoodna u ma uu laha wax cudurdaar ah.

Hoggaamiyuhu edbin iyo toosin mooyaane yuusan gefka ku canaanan ciddii uusan tuhun ka qabin in ay ku dedaalayso raalligelintiisa, cidnana yuusan la simin ruuxa ku dedaala raal-ligelintiisa ee khabiirka ku ah waxa uu samaynayo. Haddii ay labadaani wasiirka iyo saaxiibkiisa gaarka ah ay ku kulmaan hoggaamiyuhu waa uu seexdaa oo waa uu nastaa, danihiisana waa loo keenaa xitaa haddii uu ka digarogtay, wixii uu danaynayana waa loo sameeyaa xitaa haddii uu moogganaado.

Hoggaamiyuha yaanu ku mammanaan male xumaysiga hadalka dadka, malaha wanaagsanna naftiisa ha ka siiyo in door ah oo waafi ah si uu qalbigiisa u nasiyo, hawlihiisana uu sees uga ga dhigo.

Hoggaamiyuhu yuusan lumin hubsashada marka uu hadlayo, marka uu wax bixinayo, iyo marka uu shaqaynayo.

In aammuska la ga noqdo ayaa ka fiican in hadalka la ga noqdo, siismo ka dambaysa diidmo ayaa ka qurxoon diidmo ka dambaysa siismo, ku dhiirrasho hawl oo ka dambaysa ka fiirsasho ayaa ka fiican joogsasho ka dambaysa ku dhiirrashadeeda. Dadka oo dhan waa ay u baahan yihiin hubsashada, waxaana ugu baahi badan madaxda hadalkooda iyo ficilkoodu aanay lahayn wax kallifaya, wax dedejinayana aanay jirin.

Faajirnimada iyo liidashada sida uu u suuq xiri karo

Hoggaamiyuhu ha ogaado in dadka oo dhan ay la aragti yihiin marka la ga reebo cid aan miisaan lahayn. Diinta, wanaagga iyo dadnimadu agtiisa ha ku bulaalaan, si uu taa ugu suuq xiro faajirnimada iyo liidashada dacallada dhulka.

Xilhaye waxa uu uga baahan yahay arrin adduun

Waxa uu hoggaamiyuhu adduunka uga baahan yahay waxay isu gu imaanayaan laba talo: talo uu ku xoojiyo xukunkiisa iyo talo uu dadku isugu qurxiyo. Talada awoodda in uu ku bilaabo ayaana labadooda mudan oo ku habboon doorashda. Talada qurxintuna waa labada tan macaanka keeni og ee taageerayaal badan-inkasta oo ay tan awooddu la mid tahay quruxda quruxduna awoodda, laakiin se waxaa arrinka loo aaneeyaa kiisa badan iyo asalkiisa.

Waxa u eg qof ku hawlan la saaxiibidda madaxda

Haddii la gugu mashquuliyo la saaxiibidda hoggaamiyaha waxaad ku dedaashaa joogtayn dheer oo aan catow lahayn, we-heshigiinnuna yuusan kugu dhalin moogganaan iyo fududaysi.

Haddii aad u aragtid in uu hoggaamiyuhu walaal kaa dhigtay, aabbe ka dhigo, haddii uu kuu kordhiyana u kordhi.

Haddii qof derajo ama xukun haysta uu derajo ku siiyo ha u moodin in awooddiisu ay kuu kordhisay xurmo iyo weynayn marba haddii aysan kuu kordhin gacaltooyo iyo waanin, iyo in aad u aragtid in uu xaq kuugu leeyahay xurmada iyo weynaynta. Sasabiddiisa iyo u dhimrintiisa waxaad u noqotaa sidii qof ka soo bilaabaya wixii ka horreeyay, arrinta idiin dhexaysana ha ku salayn dhaqankii aad ku taqaannay-illeen hoggaamiyayaas-ha dhaqankoodu waa uu isdooriyaaye, waxaynuna aragnay nin ku kalsoonaa gacaltooyadii guunka ahayd ee ka la dhexaysay hoggaanka oo ay guunnimadaasi waxyeellaysay.

Haddii aad awooddid in aadan qof xil haya ku la saaxiibin wax aan ahayn laan qaraabannimo ama gacaltooyo, hadde sidaa yeel. Haddi ay taasi ku seegtana ogow in aad bilaash ku shaqaynaysid. Haddii aad awooddid in aad saaxiibtinnma-daada siisid qof hore kuugu yaqaannay dadnimadaada, diin fayoobidaada, iyo qummanaanta arrimahaaga ka hor inta uusan xil qaban, hadde sidaa yeel. Sababtuna waa in xilhayuhu uusan dadka waxba ka ogayn marka laga reebo wixii uu ka ogaa xilqa-bashadiisa ka hor. Durba marka loo dhiibo xilka ayaa dadka oo dhammi ay hortiisa isa soo tubaan ayaga oo isu qurxinaya oo isyeelyeelaya, dhammaantoodna ay u xeeladaysanayaan in ay ammaan agtiisa uga mutaan wax aysan ahayn. Laakiin waxaa isyeelyeelka ugu daran, ugu dedaal badan, ugu xeeladaysi badan waa liitayaasha iyo wasakhda.

Xilhayuhu ismadiidsiiyo-xitaa hadduu yahay ruux talo iyo aragti dheer, in ay agtiisa kaalin akhyaarnimo ku yeeshaan dawdarro badan, khiyaanoolayaal badanna booska aamminnada, dhagarqabayaalna booska daacadda, iyo in laga qariyo arrimo badan oo u khuseeya sharfanayaasha nafahooda ka ilaalinaya xeeldaysiga iyo iska yeelyeelka.

Markii aad ogaatid in uu xilhayuhu ku gu kalsoon yahay, kala fogow hadalka mayacmayacda ah, eray walba oo aad dhahdidna u ducayntiisa ha ku badin, oo taasi waxay u eg tahay qalo iyo qariibnimo marka la ga reebo in aad dadka dhexdiisa ku la hadlaysid oo markaa ha ka gaabin wixii weynayn iyo tixgelin u ah.

Xilhayayaashu yaanay beledka aad joogtid iyo qabiilada dhexdeeda ku gu baran hawaraacnimo, oo waxaa dhici karta in labadaba laguu gu baahdo sheeko ama marag oo deetana lagu duro. Haddii aad doonaysid in warkaaga la aqbalo, taladaada toosi, ha na ku laaqin wax uun hawo ah, oo talada qumman cadowgu waa uu kaa aqbalaa, hawadu marka ay wehelisana waxaa ku gu soo celiya waalidkaa iyo saaxiibkaa. Cidda ugu mudan ee ay tahay in aad iska ilaalisid in ay kuu moodaan qof isku walaaqay taladiisa iyo hawadiisa waa xilhayayaasha, oo agtooda waxay ka tahay dhagar, khiyaano iyo dafiridda galladahooda.

Haddii la gugu jirrabo la saaxiibidda hoggaamiye aan doonayn in ay bulshadiisu hagaagto, waxaad ogaataa in laba mid aan doorasho ahayn la gu kala dooransiiyay: in aad dhanka xilhayaha u janjeersatid oo aad bulshada ka hiilisid, oo waa halaag diineed. Iyo in aad shacabka raacdid oo aad xilhayaha ka janjeersatid, ayana waa halaag adduun oo ma lihid xeelad aan ahayn dhimasho ama carar. Ogow, kuuma ay habboona xitaa haddii uu xilhayuhu yahay qof aan dhaqan fiicnayn-marba haddii ay xarguhu isugu kiin xiran yihiin, wax aan ka ahayn ilaalintiisa jeer aad heshid qaab wanaagsan oo aad uga tagtid. U dhugmo lahow akhlaaqda xilhayaha ee aad jeceshahay iyo tan aad kahanaysid iyo taladiisa tan aad raaliga ka tahay iyo tan aadan ku raalli ahayn. Ka dibna ha isku la weynaan in waxa uu jecel yahay iyo waxa uu kahdo aad ka soo wareejisid oo aad u soo geddisid waxa aad jeceshahay iyo waxa aad kahatid. Tanina waa layli adag oo keenaysa fogaansho iyo nac.

Sababtuna waa in ay yar tahay in aad qof ka soo celisid jid uu ku socdo adiga oo islaweyn oo wax hallaynaya xitaa haddii uusan ahayn qof wata awooddii xukunka. Waxaad se awooddaa in aad ku caawisid taladiisa tan ugu fiican, aad u muujisid toosnaanteeda oo aad u qurxisid, aadna ku xoojisid. Haddii wanaaggiisu xoog bato, ayada ayaa xumaantiisa kaaga fillaanaysa. Haddii dhinac toosnaan ah ay xakamaha u qabato, toosnaantaas ayaa noqonaysa tan tusinaysa meelaha uu ku gefay si waliba muujintaada ka dabacsan, ka na caaddilsan sidii aad naftiisa u xukumaysay. Toosnidu qaarkeedba qaarka kale ayaa ay xoojisaa, wayna isu habarwacataa jeer ay qofkeeda walxuhu u soo gardhiibtaan, ayna ka soo ifbaxdo in ay taladu majaraha hayso. Haddii uu boos ku leeyahay gobannimadana, khaladkaa oo dhan salka ayaa uu ka rujiyaa.

Xirmadaanna xifdi oo meel saar.

Hoggaamiyaha ha baryin ha na isu koolkoolin

Waxa aad xilhayaha ka doonaysid ha ku raadin weydiin, haddii uu kaa la daahana ha daahsan. Wixii xaggiisa kaa jira mudasho ku raadso, una kaadso xitaa haddii kaadsiinyuhu la dheeraado. Haddii aad mudato wuxuu kuu gu imaanayaa dalbasho la'aan, haddii aadan daahsanna waa uu kuu soo degdegayaa.

Xilhayaha ha u ga warramin in aad xaq ku leedahay iyo in

aad ku tirsanaysid abaal, haddii aad awooddid in uusan illaawin xaqaaga iyo abaalkaagana, hadde yeel. Waxa taa xusuusinaya ha noqdaan in aad u cusboonaysiisid waanada iyo dedaalka iyo in uu weli kaa dhawro abaal xusuusiya kaagii u horreeyay. Waxaad ogaataa in haddii ay hooggamiyaha tan dambe ka go'do uu illaawayo tan hore, iyo in ay qaraabadoodu ka go'day, xargahooduna ay ka jarmeen marka la ga reebo ciddii ay ka raali noqdeen ee ku filnaaday maalintooda iyo amminkooda.

Iska ilaali in aad xilhayaha uurka ugu qaaddid canaanasho iyo xaqirid, oo haddii ay uurkaaga gasho wejigaaga ayaa ay ka muuqanysaa haddii aad waxgarad tahay, haddii aad maangaab tahayna carrabkaaga. Haddii aysan taasi dhaafin in ay wejigaaga uga muuqato cidda aadan shiddo ka qabin, hadde ha ka aammin noqon in ay taasi xilhayahana u muuqato, sideedana dadku waa ay ula dheereeyaan ceebaha walaalaha. Haddii ay taasi u muuqato xilahayahana waxa ay qalbigiisa uga dheerayn og tahay canaanta didmada iyo in uu isu kaa beddelo, waxa uuna masaxayaa wanaaggaagii hore, halaaggaaga waa uu kuu soo dedejiyaa, waxaadna ogaanaysaa ayada oo lagaa sii jeedsaday, deetana waxaad baadigoob u galaysaa raalligelinta hoggaanka ee adkaatay. Haddii aad doontid waad ka tegi lahayd adiga oo ka raalli ah, raalli ahaanshihiisana waad u sii dhawaan lahayd.

Iska jir carada hoggaamiyaha una hoggaansan

Waxaad ogaataa in dadka kan ugu badan ee leh cadow cadaawaddiisa muujisanaya, jooga, dhiirran, oo diradiraale ah uu yahay wasiirka koowaad ee hoggamiyaha ee agtiisana ku leh boos sare. Sababtuna waa in booskiisaa isha loogu hayo sida kan suldaanka, looguna xaasidayo sida asaga loogu xaasido. Laakiin se asaga waa la gu dhiirradaa, suldaanka se la gu ma dhiirrado. Sababtuna waa in ay xaasidiintiisa ka mid yihiin gacalka suldaanka iyo qaarabadiisa la wadaagta qasriga soogeliddiisa iyo derajooyinka. Ayaga iyo qayrkoodba waa cadowgiisa la jooga ee ma aha sida cadowga ruuxa ka sarreeya ee ka fog ee iska qarinaya. Ma ay baabba'do damacooda in ay ka guulaystaan, in ay dhagar u maleegaanna ma moogganaadaan. Arintaan ogow, waxaadna duulkaan cadowgaaga ah u xirataa hubka fayoobida, toosnaanta, dariiqa xaqa ah in aad u martid wixii aad qarsanaysid iyo wixii aad muujinaysidba, deetana qalbigaaga ka nafis sidii in aadan lahayn cadow iyo xaasid toonna.

Haddii uu qof hoggaanka agtiisa ku gu xuso wax xun adiga oo hor fadhiya ama ka maqan, hoggaamiyaha iyo qayrkiiba yaanay kaa arag isbaraanbar, caro iyo dhirif toonna. Yaysan arrintaas kaaga dhicin dareen ka xumaasho muujinaya, oo haddii ay halkaa kaa taabato waxay ku gelinaysaa arrimo shaki u eg oo xusuusinaya wixii uu ceebiyuhu kaa yiri. Haddii ay arrintu ku gu khasabto in aad u jawaabtid, iska jir jawaab caro iyo aargoosi. Waxaad bixisaa jawaab ku dhisan caddayn oo dulqaad iyo degganaan leh. Ha na ka shakin in guusha iyo awoodduba ay weligoodba jiraan dhanka ruuxii dul badan.

Xilhayaha agtiisa ha ka ga hadlin hadal aadan dan ka lahayn ama aan ahayn jawaab aad ka bixinaysid wax la gu weydiiyay. Xilhayaha agtiisa ha keenin hadal aanay dani ku jirin ama aan laguu dirsan.

Cayda hoggaanka ha ku tirin cayda, caradiisana carooyinka, oo waxaa la ga yaabaa dabaylaha islaweynidu in ay carrabka ku ballaariyaan erayo ayada oo aanay jirin nac iyo dhib toonna.

Ka fogow qofka ay madaxdu u caroodaan iyo kan ay male xun ka haystaan. Kaas iyo adiga yaanu golana idin kulmin, ha na u muujin cudurdaar, weligaana qof dadka ka mid ah ha u ammaanin. Haddii aad aragtid in ka soo laabashada wixii loo gu carooday ay la gaartay heer aad rejaynaysid in qalbiga hoggaamiyuhu u dabco, aadna hubsatid in uu xilhayuhu uu hubo sida aad uga fogaatay iyo sida aad dadka agtooda ugu darnayd , cudurdaarkiisa xilahayaha agtiisa gee, ka na shaqee sidii uu uga raali noqon lahaa adiga oo u dhimrinaya oo u dabcinaya.

Xilhayuhu ha ogaado in aadan ka santaagayn wax uun adeeggiisa ah, sidaa oo ay tahayna ha ka tegin in aad la hadashid mararka qaar uu raalliga yahay ee uu nafsiyad fiican yahay, si uu kaaga daayo hawlaha qaar ay kahdaan dadka ehludiinka ah, waxgaradka, sharfanayaasha, iyo dadka dadnimada leh ee ay ka mid yihiin hawlaha dilka, ciqaabta iyo wixii la jaad ah.

Haddii aad hoggaamiyaha agtiisa ku yeelatid magac oo aad khusuusidiisa ka mid noqotid, yaanay taasi kugu dhalin in aad isu beddeshid cid ehelkiisa iyo caawiyayaashiisa ka mid ah oo uusan ka maarmin, illeen ma ogid marka aad arki doontid goynta ugu sokaysa ama isbeddelkiisa oo aad deetana ayaga u dullowdid, in ay xaaladdaadu markaa isgeddisana hadde ceebi ku dhan.

Waxyaalaha aad arrimahaaga ku maaraynaysid ha ka mid noqdaan in aadan hoggaamiyaha agtiisa qofna ku la faqin, si hoosana aadan wax u gu sheegin. Sababtuna waan in dadka wax isku qarsada ay ciddii aragta oo hoggamiye iyo qayrkeedba leh ay u moodaan in ayaga loo la dan leeyahay oo sidaana ay ku beerto cadaawad iyo caro.

Beentu xaqana waa ay burisaa, runtana waa ay afjigtaa

Ha sahlan been in aad u sheegtid hoggaanka iyo qayrkiiba xilliga kaftanka, oo waxay soo dedejisaa in ay buriso xaqa iyo diididda runta ee ka mid ah waxyaalaha aad la imaan doontid.

Ka fogee adiga iyo waxa xilhayaha idiin dhexeeya iyo waxa adiga iyo walaalahaa idin dhexeeya dhaqan aan ku aragnay wasiirrada, caawiyayaasha iyo asxaabta qaarkood ee ah in marka ay soo ifbaxdo raad wanaagsan ama talo wanaagsan oo uu qof leeyahay in ay sheegtaan in ay ka shaqeeyeen ama ba ay tilmaameen iyo in ay aqbalaan arrintaas haddii ay cidi ku ammaanto. Sidaa ha yeelin e, xitaa haddii aad awooddid in saaxiibkaa uu ogaado in aad asaga ku magacaabaysid taladaada qumman-in aad tiisa qaadatidba ha joogtee, oo aad asaga u aanaynaysid oo aad ku qurxinaysid, hadde sidaa yeel; oo adigu waxa aad taa ku helaysid ayaa laballaabyo ka badan wax aaad bixinaysid.

In lagu weydiiyo mooye ha jawaabin, dhegayste wacanna noqo

Haddii uu xilhayuhu qayrkaa wax weydiiyo, ha noqon kan ka jawaabaya, oo hadalka in aad boobtid waa salfudaydkaaga iyo in aad fududaysanaysid la weydiiyaha iyo weydiiyaha.

Maxaad oranaysaa haddii uu weydiiyuhu ku dhaho: adiga ku ma weydiin? Ama la weydiiyuhu marka la gu soo celiyo uu ku dhaho: waa tane ka jawaab?

Haddii weydiiyuhu uusan hal qof su'aasha ku gooni yeelin, koox u dhawna uu ka dhexaysiiyo, jawaabta ha ku degdegin, ha na la baratamin golaha adiga oo hadalka la boodboodaya, oo taas ayada oo ay jirto qaabdarrada iskallifidda iyo salfudaydka ku jira waxay keenaysaa in markaad dadka hadalka ka la hormartid ay hadalkaaga la colloobaan ayna kaa la daba yimaadaan ka dabatag iyo durid, haddii aadan la degdegin ee aad ayaga iyo jawaabta isu daysid waxaad ka dabategaysaa warkooda, ka dib waxaad ka fakaraysaa waxa aad isla haysid, deetana waxaad fakarkaaga iyo wixii wanaagsanaa ee aad hore u maqashay aad ku amaamudaysaa jawaab la gu raalli noqdo, waxaadna dabageddinaysaa warkooda jeer laguu dhegraariciyo oo ay colkuna kaa degaan.

Haddii uusan warku ku soo gaarin oo la gu kaaftoomo cid kale ama sheekaduba ay xilligaa ka hor joogsato, ceeb ha u arag, naftaadana ha ku liidin jawaabta ku dhaaftay, sababtuna waa in hadalka ilaalintiisu ay ka fiican tahay si xun u dhigistiisa, hal eray oo qumman oo aad booskiisii la heshay ayaa ka fiican boqol eray oo aad ka dhahdid fursad aan teedii ahayn iyo meel aan meesheedii ahayn. Weliba, hadalka la la degdego ee la la rooro wuxuu dirane u yahay siibashada iyo qoonda xumada si walba oo uu qofkiisu ugu qabo in uu sugay oo uu halkiisii toogtay.

Ogow, in aan arrimahaan la gu gaarin wax aan ka ahayn dul badni marka wax la dhaho iyo marka aan la oran, weynayn yarida dadnimada soo ifbaxda ama aan soo ifbixin, naf ka deeqtoon wax badan oo qumman ayada oo la ga baqayo khilaaf, degdeg, xaasidnimo, iyo muran.

Haddii uu xilhayuhu ku la hadlo hadalkiisa u dhegraarici, eegmadaadana ha ka ga mashquulin cid kale eegiddiis, xubnahaagana hawl kale, qalbigaagana isla sheekaysigaaga. Arrintaan naftaada ka ilaali, dedaalkagana iska ga ogow.

Wasiirku dhiggiisa ha u dhimriyo

U dhimri dhiggaaga ah wasiirrada hoggaamiyaha iyo golejooggiisa, walaalaayso, ha la collaytamin, ha ku la tartamin hadalka ay ugu dhawaanayaan iyo shaqada adiga ka sokow ayaga loo diro.

Laba qof midkood uun baad tahay: in aad leedahay wax aad qayrkaa dheer tahay, oo taasi way muuqan doontaa, waana loo soo baahanayaa, waa na lagaa dalbanayaa adiga oo duuduubay. Ama waxaa ma haysatid, oo dantaada ka ma helaysid u dhawaantooda iyo in aad u dabacsan tahay. Sidaa oo kalana in aad waafaqdid ayaga oo aad u debecsanaatid iyo in ay ku waafaqaan oo ay kuu dabcaan ku ma helaysid wax ka fiican waxa aad ku helaysid la baratankooda iyo la doodiddooda.

Ha ku dhiirran in aad saaxiibbadaa ku khilaaftid hoggaamiyaha agtiisa adiga oo ku kalsoon in ay kuu qirsan yihiin oo ay kuu og yihiin talo wanaaggaaga, oo waxaannu aragnay dadka oo aqoonsada qofku waxa uu dheer yahay oo u hoggansama, ayaga oo gabboodfalayana wax ka barta, marka ay qof xil haya u yimaadaanna uusan midkoodna ku raalli noqon in uu u qiro iyo in uu la dheeraado talo iyo aqoon, markaana ku dhiirrada khilaafiddiisa iyo burinta hadalkiisa. Haddii uu asagu buriyo ayaga oo kale buu noqonayaa, mar walbana heli ma hayo qof qof maqla oo fahma ama qaalli caaddil ah. Haddii uu burintooda iska daayana wuxuu noqonayaa qof la ga talo batay oo hadalkiisu uusan qabad lahayn.

Ku socota loo dumme iyo gole wadaag walba

Haddii aad hoggaamiyaha ka heshid boos uu ku gu siiyay karti uu ku gu og yahay ama hawo uurkiisa ku jirta, ha u himilo dheeraan sida himilodheeraha, naftaadana yaanay kuu qurxin in aad u la dhaqantid sidii qofka uu u dummo iyo qofka hortaa uu ku kalsoonaa ee uu ku sir qarsan jiray adiga oo doonaya in aad meesha ka saartid oo aad adigu booskiisa gashid, sababtuna waa in sifadaani tahay mid ka mid ah sifooyinka maangaabka ee la gu imtixaamo murtilaydu marka ay u dhawaadaan cid xil haysa jeer uu midkood isu gu sheekeeyo in uu noqdo kan uga sokeeya xaaska iyo ilmaha male uu naftiisa ka qabo in ay wax dheer tahay ama liidasho uu qayrki ku malaynayo aawadeed.

Qof walba oo xil haya ama maamuus leh oo caammada ka mid ah waxa uu leeyahay qof u dumma oo uu weheshado oo yaqaanna ruuxdiisa ama uurkiisa ogaaday, wax culaab ahna aanay ka saarnayn qurunsashada qurunkiisa ama talo uu uga tanaasulayo ama sir uu ka sheegayo laakiin se weheshigaa iyo u dummiddaas waxay mid walba ka soo muujinaysaa wax aan u muuqdeen marka uu iska ururiyo ee uu is adkeeyo. Haddii uu qof taa oo kale ka raadin lahaa qof la dhaqankiisa iyo weheshigiisu ay bilow yihiin, hadde haddii uu yahay qof talo iyo aqoon la dheer, ka ma uu helayo nafaca uu ku haysto qofkii talada ka ga hooseeyay ee ku fillaaday weheshigiisa ,dabeecad-diisana la jaanqaday, sideedana weheshigu waa raaxada qalbiga, qaladuna aragagax bay ku tahay, quluubtuna isku ma ay tosho wixii u dabca mooyaane, qofkii isku daya qalo abuuridna waxaa ka hor yimaada arrin culayskeeda leh.

Kolka ay naftaadu ku gu kallifto in aad gaartid heerka cidda aan kuu tilmaamay, waxaad ka ga celisaa arrintaas aqoonsashada fadliga loo dummaha iyo wehelka. Haddii ay naftaadu kuugu sheekayso ama qayrkaa-oo ay ku jiraan cid la ga yaabo in ay dadnimo dheeri ah leedahay, in mudanaha agtiisa aad golejooggiisa iyo lagu kalsoonayaashiisa ka mudan tahay derajadooda, waxaad xusuusata xaqa ay sharfiddiisa u leeyihiin u dummankiisa, lagu kalsoonihiisa iyo wehelkiisa. Waxa taa ugu kaalmaynaya waa talada uu ka helayo u dummankiisa iyo wehelkiisa oo uusan cid kale ka helayn.

Tani ha ka mid noqoto waxyaabaha aad naftaada ku ilaalinaysid, aadna ku aqoonsanaysid cudurdaarka hoggaamiyaha iyo fikirkiisa. Talada naftaada anfacaysana waa tan oo kale marka uu qof doonayo in uu kaaga soo soka maro wehelkaaga, la gu kalsoonahaaga, sir hayahaaga, ka warqabaha dhabtaada iyo dheeshaadaba.

Ogow, waxaa laga yaabaa in uu qof walba leeyahay war badanaa uusan ka harin ka sheekayntiisa, ama degaan degaannada ka mid ah, ama laan laamaha aqoonta ka mid ah, ama nooc ka mid ah qaybaha dadka, ama dhinac ka mid ah dhinacyada aragtiyaha. Marka uu qof midkood caashaqo waxaa ka soo ifbaxa macnadarro, waxaana lagu bartaa hawo raacnimo. Meel walba taa oo kale iska ilaali, si gaar ahna madaxda agtooda.

U dulqaado talada hoggaamiyuhu kaaga duwanaado

Ha uga dacawoon wasiirrada hoggaamiyaha iyo golejooggiisa taladii kuu muuqata ee aad kahatid, oo dee u ma kordhinaysid wax aan ka ahayn in aad u soo jeedisid waxa uu u janjeero ama aad ku dhiirrigelisid in ay waxaa u qurxiyaan oo isugu kaa tagaan ayaga oo asaga la jira.

Ogoow, qofka magaca ku leh xilhayaha agtiisa iyo khusuusidiisa in shaki uusan ku jirin in uu xilhayaha ka arko wax uu ku khilaafsan yahay oo ah talada dadka iyo arrimaha, haddii uu doorto in uu kahdo waxa uu ku khilaafsan yahay waxaa soo degdegaysa in uu ka gawsqabsado goynta uu golaha ka arko ama in la durjiyo haqabtirka baahiyihiisa ama in taladiisa la gu gacansayro ama in la soo dhaweeyo qof uusan jeclayn soo dhawayntiisa ama in la fogeeyo qof uu dhibsanayo fogayntiisa.

Haddii ay qalbigaaga gasho kahasho waxaa taa isla beddelaya wejigiisa, taladiisa iyo hadalkiisa jeer ay xilhayaha iyo qayrkiiba u muuqato oo taasina hallowga derajadaada sabab soojiidda ay u noqoto.

Naftaada ku layli u dulqaadashada wixii aad ku khilaaftid aragtida xilhayaha, waxaadna meel dhigtaa in ay hiil kuugu noqdeen si aad ugu raacdid taladooda iyo waxa ay jecel yihiin, ha na ku kallifin in ay kugu raacaan oo aad ka na xanaaqdid in ay ku khilaafaan.

Hagaajinta niyadda hoggaamiyaha

Ogow, hoggaamiyaayashu waxay xoghayayaashooda ka aqbalaan dhabcaal ka dhigiddooda, waxayna ku tiriyaan in ay ka tahay u damqasho iyo aragti dheeri, wayna ku ammaanaan haddii xitaa ay deeqsiyaal yihiin. Haddii aad dhabcaalnimo ku boorrinaysid, waxaad saaxiibkaa ku khiyaantay hallaynta dadnimadiisa, haddii aad deeqsinnimo ku boorrisidna ka ma badbaadaysid in ay taasi waxyeellayso derajada aad agtiisa ka joogtid.

Talada kugu habboon waa in aad nasteexadu sida ay sax ku tahay u siisid, aadna raadisid sidii aad u ga samatabixi lahayd cayda iyo canaanta kaa ga imaanaysa waxa aad iska daynaysid ee ah in aad saaxiibkaa bakhaylnimo ku boorrisid, sida in uusan kaa ogaan in waxa aad ugu yeeraysid ay hawadaadu u janjeerto iyo in aadan raadinayn wax ka duwan waxa aad ka rejo ka qabtid in ay qurxiyaan oo ay waxtaraan.

Addeecidda hoggaamiyayaasha

Yaanay la saaxiibiddaada hoggaamiyayaashu unkamin jeer aad naftaada ku laylisid in aad ku addeecaysid waxa aad kahanaysid, aad ku waafaqaysid waxa ay kugu khilaafaan, arrimaha aad ku jaangoynaysid sida ay jecel yihiin ka sokow sida aad jeceshahay, in aadan sirtaada ka qarinayn, wixii ay qariyaan aadan ogaanshahooda doonayn, wixii ay ku ogaysiiyaan aad dadka dhan ka qarinaysid jeer aad naftaada ka ilaalisid in aad ku sheekaysid, in aad ku dedaalaysid raalligelintooda, in aad danahooda si dhimirsan ugu raadinaysid, aad hubsiimo ugu yeelanaysid danahooda, warkooda aad rumaysanaysid, taladooda aad u qurxinaysid, aad faraha ka qaadaysid in aad soo minguurisid wixii ay si wacan u sameeyaan, wanaaggooda aad in badan faafinaysid, xumaantooda aad si wanaagsan u asturaysid, aad soo dhawaysanaysid ciddii ay soo dhawaystaan xitaa haddii ay kaa fog yihiin, in aad fogaynasid ciddii ay fogeeyaan xitaa haddii ay qaraabo kuu yihiin, in aad arrimahooda ahmiyad siinaysid xitaa haddii aysan u dan gelin, in aad u ilaalinaysid haddii ay xitaa dayacaan, in aad xusuusnaatid xitaa haddii ay illaawaan, in aad ka yaraysid culaabtaada, in aad u dulqaadatid culays walba, in aad uga raalli noqotid cafiska, iyo in aad wax yar naftaada uga ga raalli noqotid dedaalkeeda.

Haddii ayaga iyo la saaxiibiddooda aad hodannimo ka heshid, naftaad ka deeqtoomi oo dedaalkaaga ka dheeree; oo ciddii shaqadiisa ku qaadata waxa uu xaq u leeyahay waxaa laga horjoogsadaa in uu isku helo macaanka adduun iyo u shaqaysiga aakhiro, kii aan ku qaadan xaqiisana waxa uu duudka u ritaa ceeb adduun iyo dambi aakhiro.

Ka ma cayman kartid santaaggooda haddii aad ogaysiisid, ciqaabtoodana haddii aad ka qarisid, caradoodana haddii aad run u sheegtid, illowgoodana haddii aad uga sheekaysid. Haddii aad la socotid in ay ku dhibsadaan ka ma aammin tihid, haddii aad la saayirtidna ciqaabtooda, haddii aad amar ka sugtidna waad cuslaysay, haddii aad la'aantood arrimaha kala tuurtidna ka ma aammin tihid in ay ku khilaafaan. Haddii ay kuu caroodaan way ku halligayaan, haddii ay kaa raalli noqdaanna waxaad raalligelintooda awgeed isugu kallifaysaa wax aadan awoodin.

Haddii aad xafidaad leedahay marka ay ku jirrabaan, adkaysi aad leedahay marka ay ku soo dhawaystaan, aammin aad tahay marka ay ku aamminaan, aad waxbaraysid adiga oo tusinaya in aad ayaga wax ka baranaysid, aad u edbinaysid sidii oo ay ayagu ku edbinayaan, aad u mahadnaqaysid oo aadan ku na kallifayn in ay kuu mahadnaqaan, aad hawadooda xogogaal u tahay, dheeftooda aad xigsanaysid, aad u dulloobaysid haddii ay ku dulmiyaan, raalli aad ahaanaysid haddii ay kaa caraysiiyaan, [samee], haddii kale se si buuxda uga fogow, si dhammaystiranna uga digtoonoow.

Iska ilaali sakhradda xilka, sakhradda hantida, sakhradda aqoonta, sakhradda derajada, sakhradda dhallinyarannimada, oo dee ma uu jiro shay aan ahayn dabaysha waallida ee caqliga siibta, degganaanta la biibta, qalbiga, maqalka, aragga, iyo carrabkana ka jeedisa dheefta.

Macaamilka Saaxiibbada

Saaxiibka u hur dhiiggaaga iyo xoolahaaga

Saaxiibkaa sii dhiiggaaga iyo hantidaada, macaariftaadana waxbixintaada, fadhiwadaaggaagana dhoollabirayntaada iyo gacaltooyadaada, cadowgaagana caddaaladdaada iyo garsoorkaaga, diintaada iyo sharaftaadana cid walba kala bakhayl.

Aragti qayrkaa ha dhicin

Haddii aad saaxiibkaa ka maqashid hadal ama aragti aad u bogtid ha ka xadin si aad dadka isugu muujisid, ismuujin waxaa kaaga filan in wixii aad maqashay intooda qumman aad xulatid oo aad qofkii lahaa u aanaysid.

Waxaad ogaataa in xatooyadaadaas ay saaxiibkaa caro gelinayso, ceeb iyo liidashana ay kugu tahay.

Haddii ay kula gaarto in aad qof taladii ku talisid ama aad oraahdiisii dhahdid asaga oo ku maqlaya, waxaad xaqdarradii ku dartay xishood la'aan, waxayna tani ka mid tahay anshax xumada bulshada dhexdooda ku baahday.

Akhlaaqda sare iyo edebsamida meelahaan oo kale waxaa ka mid ah in ay naftaadu walaalkaa ugu deeqdo hadalkii iyo taladii uu kaa xaday, aadna u aanaysid in ay taladiisii iyo hadalkiisii tahay, magac fiicanna aad ugu samaysid intii karaankaa ah.

Dhammaysnimada talada iyo hadalka qumman

Dhaqankaaga yaanay ka mid noqon in aad sheeko bilowdid, deeto aad goysid oo aad dhahdid: [waxaan yeeli]....doonaa, sidii adiga oo lagu moodo in aad u kaadsatay bacdamaa aad bilowday. Kaadsiinyahaagu ha noqdo ka hor inta aadan ku hadaaqin, illeen kalagoynta hadalku intii uu bilowday ka dib waa liidasho iyo caloolyow.

Garaadkaaga iyo hadalkaagaba keydso jeer aad halkiisii la helaysid, ileen mar walba qummanaantu meel walba kuma wacnee. Talada iyo hadalka toosani waxay ku dhammaystirmaan marka madashoodii lagu aaddiyo. Haddii ay taasi ku seegtana mushkilad baad qoorta u gelinaysaa aqoontaadii oo markaadan meeshiisii la helin waxaad burqanaysaa asaga oo aan nah iyo dheeh toonna lahayn.

Aqoonyahanku ha ogaadaan marka aad la fadhidid in dhegaysigoodu kaaga muhiimsan yahay u sheekayntooda.

Dhab iyo dhayal ha isku dheehin

Haddii aad doorbidaysid in aad u faantid qof aad isla madadaalataan, faankaagu dhabnimo buuxda ha noqdo, hana caadaysan in hadalkaagu dheeldheel noqdo, markii ay dhabtu taabato ama uu u dhawaadana iska jooji.

Dhabta ha ku walaaqin dhayal, dhayalkana dhab, oo haddii aad dhabta ku dartid dhayal waad foolxumaynaysaa, haddii aad dhayalka dhab ku qastidna waad calwinaysaa.

Waxaan se kuu ogahay hal mar oo haddii aad dhabta ku walaaqdid dhayal aad talada ku aadaysid, aynigaana aad ka horraynaysid. Waa marka midi ku la soo aado maangaabnimo, caro, iyo hadal xun, oo deetana aad ugu jawaabtid sidii oo aad tahay qof kaftamaya oo cayaaraya, dulqaad kaa muuqdo, weji furan, dooddaaduna ay maangal dhisan tahay.

Saaxiibbadaa ha iska la sarrayn

Haddii aad aragtid saaxiibkaa oo la socda cadowgaaga ha ka caroon, waa uun laba qof midkood e:

Haddii uu yahay walaal aad ku kalsoon tahay, hadde meelaha uu kuugu waxtar badan yahay ayaa ah meelaha ugu dhow cadowgaaga, oo ama shar buu kaa hayaa, ama ceeb buu kuu asturayaa, ama wax kaa maqan ayuu kuu ogaanayaa. Saaxiibkaa in uu la joogo dad aad ku kalsoon tahay oo keli ah, hadde maxaad uga ga baahan tahayba.

Haddii uusan ka mid ahayn asxaabtaada gaarka ah, hadde yaa xaq kuu siiyay in aad dadka ka goysid oo aad ku dirqisid in uusan la saaxiibin oo uusan la fadhiisan qofka aad doonaysid cid aan ahayn.

Fadhigaaga ka ilaali hadal aad asxaabtaada iska la sarray-siinaysid, ka qanac wax badan oo kugu soo dhaca oo hadal wanaagsan iyo talooyin fiican ah adiga oo sasabaya, si aanay kuu moodin in aad iska la weyn tahay.

Haddii uu qof kuula yimaado gacaltooyo aad jeceshahay in uusan kaala tegin, ha ku qaboobin qaabiliddiisa iyo hiil gashigiisa, illeen aadanaha waxaa lagu uumay dabeecado gunnimo, waxaana dhaqankooda ka mid ah in uu isaga tago qofkii ay isla qabatimeen, uuna qabatimo qof ka dhaqaajiyay marka laga reebo qofkii edebta naftiisa dhawra, dabeecaddiisana qabweyni ku ilaashada.

Intan ka ilaali naftaada iyo qayrkaaba.

Aqoonsheegadku waa fadeexad

Ha ka badbadin sheegashada aqoonta aad u leedahay wixii adiga iyo asxaabtaada idin dhex mara, oo taasi waa laba ceebood bay ku dhex dhigaysaa:in ay kugu qabsadaan sheegashadaada oo ay kaa soo galaan aqoondarrada iyo islaqummanaanta ama in aanay kugu qabsan oo ay arrinta kuu daayaan deetaan isyeely-eelkaaga iyo daciifnimadaadu ay bannaanka u soo baxaan.

Si buuxda uga xishood in aad saaxiibkaa uga warrantid in aad aqoonyahan tahay asaguna uu jaahil yahay, bareero iyo sarbeeb toonna.

Haddii aad aynigaa iska la sarraysid ha ku kalsoonaan in ay kuu laabxaarnaadaan.

Haddii aad isku aragtid sharaf aad leedahay ayna kugu riixdo in aad sheegtid ama aad muujisid, hadde ogow in qaabkaas ay kaaga soo muuqatay ay dadka laabahooda kuu gelinayso ceeb in ka badan intii sharaftaasi ay kuu sugmi lahayd.

Ogsoonoow, in haddii aad sabirtid ee aadan degdegin ay taasi u soo muuqanayso sidii ugu qurxoonayd ee ay dadku isla yaqaanneen.

Yaanay kaa qarsoomin in dedaalka uu qofku ku bixinayo muujinta waxa uu yahay iyo degganaan yaraantiisa arrimahaas ay tahay irrid ka mid ah irdaha bakhaylnimada iyo liidashada. Waxyaalaha taa ugu kaalmayn badani waa deeqsinnimada iyo waxbixinta.

Haddii aad doonaysid in aad xiratid lebbiska degganaanta iyo quruxda, aad dadweynaha agtooda ku xarragootid xarragada gacaltooyada, aadna ku lugaysis dhul carrosan ah oo aan lahayn bacaad iyo wax lagu kufo, noqo aqoonyahan jaahil camal ah, aftahan afagrooc camal ah.

Aqoonta miyaa? Way ku qurxisaa oo waa ay ku hagaysaa. Sheegasho la'aanteeda miyaa? Xaasididda ayaa ay kaa celinaysaa. Hadalka miyaa? Haddii aad u baahatid, dantaada ayaad ku gaaraysaa. Aammuska miyaa? Wuxuu kuu tabcayaa gacaltooyo iyo ixtiraam.

Haddii aad aragtid qof ka sheekaynaya sheeko aad og tahay ama ka warramaya war aad maqashay, ha la wadaagsan, ha ka daba tegin, adiga oo damacsan in ay dadku ogaadaan in aad ogayd, oo taasi waa salfudayd, dhabcaalnimo, edebdarro iyo liidasho.

Walaalahaa iyo dadweynuhuba ha o gaadaan haddii aad kartid in samayntaada wax aadan sheegin ay kaaga dhawdahay in aad dhahdid wax aadan samaynayn, oo waxa uu hadalku falka dheer yahay waa ceeb iyo caaqnimo, waxa uu falku hadalka dheer yahayna waa qurux.

Waxaad ku habboon tahay wixii ballanqaadkoodu adiga kugu koobnaa ama aad saaxiibkaa uga warrantay in aad naftaada ku haysatid si aad ugu diyaargarowdid waxa uu hadalku dheer yahay falka, aadna u ga hortagtid gabboodfal ka yimaada falka haddii aad ka gaabisid; waana ay yar tahay inta uusan gabboodfale ahayn.

Caddaaladda cadowga ku beeg, raallinoqoshada saaxiibka

Waxaad dusha ka qaybtaa erayga murtiilihii yiri: yoolka waxa idiin dhexeeya adiga iyo cadowgaagu ha noqdo caddaalad, adiga iyo saaxiibkaa wixii idiin dhexeeyana raalli noqosho; sababtuna waa in cadowgu yahay lid aad caddayn ka la hortagaysid, garsoorayaashana aad kaga adkaanaysid,; saaxiibkana garsoore idiin ma dhexeeyee, waxaa xukun u ah raallinoqoshadiisa.

Sida aad saaxiibka u dooranaysid

Waxaad yoolka ku dhegganaanta la walaaloobidda ciddii aad la walaaloobaysid iyo xiriirinta cidda aad xiriirinaysid aad ka dhigtaa in aad naftaada qabadsiinaysid in aadan gar u lahayn goynta walaalaha xitaa haddii ay ka soo ifbaxaan wax aad kahanaysid; sababtuna waa in uusan ahayn addoon aad xoraynaysid marka aad doontid, sidoo kalana uusan ahayn haweenay aad furaysid marka aad doontid, laakiin se waa sharaftaada iyo dadnimadaada, oo qofka dadnimadiisu waa walaalihii iyo saaxiibbadi.

Haddii ay dadku ogaadaan in aad goysay walaalahaa midkood, walow aad cudurdaarba u haysatide, intooda badan waxay la simayaan heerka khiyaanada walaalnimada iyo ka daalisteeda. Haddii se aad u sabirtid u kahasho-jooggiisa adiga oo aan raalli ku ahayn, waxay taasina kuugu wacaysaa ceeb iyo dhimmanaan e, kaadso, kaadso, hubso, hubso.

Haddii aad iska eegaysid arrimaha cidda aad la walaaloobaysid, haddii uu walaal diineed yahay ha noqdo fiqi aan istustus iyo damaaci ahayn, haddii uu walaal adduun yahayn ha noqdo xor aan ahayn jaahil, beenlow, shar badane, iyo qaabdarro. Sababtuna waa in jaahilku uu mudan yahay in ay waalidiintiisu ka cararaan. Beenloowguna ma noqdo walaal dhab ah-illeen beenta carrabkiisa ka qulqulaysa waa luflufka beenta qalbiggiisa oo waxa saaxiibka 'sidiiq' loogu bixiyayba waa in ay [saaxiibnimado] run ka timid. Waa la arkaa qof qalbiga ka run sheega in la tuhmo xitaa haddii carrabkiisu run sheego e, bal ka warran haddii ay beentu carrabkiisa saaran tahay? Sharlowguna wuxuu kuu tabcaa cadaawad, wax baahiyana uma qabtid saaxiibnimo cadaawada kuu keenaysa. Qaabdarrana saaxiibki waa qaabdarro.

Hu'ga is-uruurinta iyo hu'ga furfurnaanta

Ogsoonoow, in dadka oo aad iska uruurisid ay cadaawad kuu beerayso, dhexgalkooduna uu kuu tabcayo saaxiib xun. Saaxiibbada xunna waa ay ka daran yihiin cadawga qaarkii. Haddii aad la xiriirto saaxiib xun waxaa ku noojinaya gefafkiisa, haddii aad goysidna waxaa kugu shaabbadoobaya foolxumada 'goynta', waxaana luqunta kuu galaya mid ceebtaada faafinaya oo aan cudurdaarkaaga sheegayn-illeen ceebuhu waa kordhaan, cudurdaarraduna ma hanaqaadaan.

Waxaad gashataa labo maro oo uusan waxgaradku ka maarmin, nolol iyo dadnimana aanay la'aantood jiri karin:

Maro iska uruurinta iyo ka joogsashada dadka ah, waxaadna u xiranaysayaa dadweynaha, oo ha la kulmin adiga oo isdhawraya, is adkaynaya, digtoon oo diyaarsan mooyaane.

Marada kalana waa furfurnaan iyo weheshi, waxaadna u gashanaysaa dadka kuu gaarka ah ee aad ku kalsoon tahay ee saaxiibbadaa ah, oo waxaad kula kumaysaa waxa laabtaada ku jira, waxaadna u sheegaysaa warkii kuu qarsoonaa, waxaadna dhinac iska dhigaysaa culaabta digtoonida iyo is ilaalintii idiin dhexaysay.

Kooxdaan dambe ee arrintaa mudan sida dhabta ah waa in yar oo ka mid ah xoogaa yar oo dunida ku sii harsan. Sababtuna wax kale maahee, qofka talo yaqaanka ah qofna booskaan oo kale ma uu soo gashado jeer uu jirrabo, baarbaaro oo uu ku kalsoonaado daacadnimadooda iyo ballan oofintooda mooyaane.

Ilaali carrabkaaga

Ogsoonoow, in carrabkaagu yahay aalad la isku haysto oo ay ku dirirayaan caqligaaga, caradaada, hawadaada, iyo jaahil-nimadaadu, koodii adkaada ayaana noqda ka uu maqlo oo u jiheeya halka uu jecel yahay. Haddii uu caqligaagu u adkaado adiga ayaa leh, haddii ay se adkaadaan wax la qaab ah waxa aan soo sheegayna hadde cadowgaaga ayaa leh.

Haddii aad awooddid in aad ilaashatid oo aad dhawratid cid aan adiga ahayn in aanay yeelan, oo aanay kugu qabsan oo aysan ku la wadaagin cadowgaagu, hadde sidaa yeel.

Sabaalinta saaxiibka

Haddii ay walaalkaa ku timaaddo dhibaato uun, oo leh gallad uu seegay ama musiibo ku habstay, hadde oogow in lagugu jirrabay oo lagaa doonayo ama in aad sabaalisid oo aad dhibta la qaybsatid ama in aad hoojisid oo aad ceeb ka dhaxashid. Markaasoo kale meel aad u baxsatid daydayo, dadnimadaadana wax walba oo kale ka dooro.

Haddii ay timaaddo dhib ay naftaadu diidayso in ay walaalkaa la qaybsato, hadde wanaag samee-laga yaabee wanaaggaasi in uu ku filnaado maadaama uu wanaaggu dadka ku yar yahay.

Haddii uu walaalkaa ladnaado, hadde in aad u dhawaatid oo gacaltooyadiisa aad doontid oo aad isu dhuldhigtid dullinnimo maaha e, ka faa'idayso oo sidaa yeel.

Yaad u cudurdaaranaysaa

Ha u cudurdaaran qof aan jeclayn in uu cudurdaar kuu sameeyo, ha na kaalmaysan qof aan ka ahayn ruux jecel in ay dantaadii kuu suuragasho, ha na u sheekayn qof aan ka ahayn ruux sheekadaada dheef u arka-waa haddii aanay dani ku badin e.

Haddii uu qof kuu cudurdaarto, ku qaabbil waji furan, dhoolbirayn iyo hadal macaan, waa haddii uusan ahayn qof goyntiisu ay qaniimo tahay.

Haddii aad wanaag beeratid oo aad wax ku bixisay [waqti ama xoolo], hadde korina iyo barbaarinta wixii aad beertayna ha ka masuugin si aanay bixintii hore u lumin.

Walaalaha dhabta

Ogsoonoow, walaalaha dhabta ah waa waxa ugu fiican waxa adduun laga tabco: xilliga barwaaqada waa qurux, xilliga dhibtana waa dhito, nolosha iyo aakhirana waa u kaalo, haddaba, ha ka gaabin kasbashadooda, xiriirintooda, iyo wax walba oo kuu soo jiidi kara.

Ogsoonoow, in baahidii aad walaalnimada u rabtay aad ka helaysid duul ay idin kala daaheen xoogaa qab ah oo kala dhexgasha dadka dadnimada leh, oo keenta in aad kala gabbatid wax badan oo ayaga oo kale laga doonto, hadde, haddii aad aragto qof noocaa oo kale ah oo ay waayuhu kufiyeen, soo hinji.

Islasarrayntu abaalkana way dumisaa, wanaaggana way calwisaa

Haddii aad qof abaal ku leedahay ama wax uun waxtar ah aad u gashay, waxaad taa ku noolaysaa diliddeeda, waynaanteedana yaraynteeda. Si aad abaalkaas u yaraysid [u yastid] ha ku gaabsan in aad dhahdid: ma xusuusto iyo dheg jalaq uma siiyo qofkii sheegsheegaya" oo waxaa l aga yaabaa in ay tanna ka xishoodaan dadka aan lagu sheegin caqliga iyo sharafta. Laakiin se iska ilaali la fadhiisigiisa, waxa aad kula hadlaysid ama aad u kaalmaysanaysid ama in aad hadalka ula jiiddid qaab aad isaga sarraysiinaysid oo u muujinaysa in aad abaal ku leedahay-illeen iska sarraysiintu waa ay dumisaa abaalka, wanaaggana waa ay wasakhaysaa.

Ha caro kululaan

Iska ilaali carada kulul, ficilada kakan, cuqdadda ba'an, iyo jaahilnimada badan, middii walbana u diyaarso wax aad kula halgantid oo ah: dulqaad, feker, kaadsiiyo, xusuusashada cawaaqibkeeda, iyo kasbashada sharafta.

Ogoow, in aadan ku guulaysanayn wax aan ka ahayn halgan iyo sharaf, iyo in u diyaargarow yarida iska dhicinta dabeecadaahan soo ifbaxa ay tahay isudhiibid. Sababtuna waa in aan dadka laga soo helayn qof dabeecad kasta oo xun aanay wax uun kaga tallaalnayn, waxa ay dadku ku kala fiican yihiinna ay tahay sida ay ula loollamaan dabeecadaha xun.

In qof uu ka badbaado dabeecadahaas xun oo aanay ku tallaalnaan waa wax aan rejo laga qabin. Laakiin se qofka awoodda leh waxa uu kula loollamaa kawinteeda iyo dubbaynteeda mar walba oo ay madaxa la soo kacdo jeer ay dhimato oo ay noqoto sidii wax aan ku abuurnayn oo kale. Sidaa ayada oo ah ayay haddana waxay [naftiisa] ugu qarsoon tahay sida uu dabku ugu qarsoon yahay laanta [geedaha] iyo dhagaxa. Haddii ay hesho wax shida [sida:kibriidka] oo ah cillad ama moogganaan waxa ay u hurtaa sida uu dabku u huro marka xaabada la shido, dhibteeduna waxay ku bilaabataa qofkeeda, sida uu dabkuba gubidda uga bilaabo qoryihii lagu qixinayay.

Sabirka isku layli

Waxaad naftaada ku laylisaa u sabridda deriska xun, nolol wadaagga [ama saaxiibka] xun, iyo fadhi wadaagga xun, sababtuna waa in ay yihiin koox aydaan isa seegayn.

Ogsoonoow, sabirku waa laba qaybood: qofku in uu ku sabro waxa uu kahanayo iyo in uu ka sabro waxa uu jecel yahay. Labadoodana waxaa weyn in qofi ku sabro waxa uu kahanayo, waxaana labadoodaba sarreeya kii uu qofku ku khasbanaado.

Ogsoonoow, guntu waa kuwa jir ahaan adkaysiga badan, sharfanayaashuna waa kuwa naf ahaan sabirka badan. Sabirka la ammaanay maaha in qofku birlab dilka u adkaysata uu yahay, ama ay lugtiisu socodka xammilid badan tahay ama ay gacantiisu hawlkar badan tahay. Intuba waa sifooyinka dameeraha.

Laakiin sabirka wanaagsan waa kan nafta ka adkaada, arrimaha dul u leh, baahidiisa qarsada oo isqurxiya, naftiisana dejin kara markii ay talo taagan tahay iyo marka uu caroodo, kalyo adaygiisu u boqran yahay, hawada naftiisa isaga taga, dhibta uu filayana cawaaqibkeedu la fudud yahay, halganka uu kula jiro hawadiisa iyo shahawaadkiisana joogteeya, aragtidiisana ku fushada go'aankiisa.

Isjeclaysii Cilmiga

Naftaada aqoonta jeclaysii jeer aad joogtaysid oo aad u dumantid, ayna noqoto madaddaaladaada, macmacaankaaga, sabaalintaada iyo nololmaalmeedkaaga.

Ogsoonoow, aqoontu waa labo: aqoon la xiriirta waxa la nafacsado iyo aqoon caqliga lagu soofeeyo.

Labada cilmi waxaa faafsan oo mudan in uu qofku u firfircoonaado ayada oo aan lagu dhiirrigelin aqoonta la xiriirta wax dheefsiga. Aqoonta la xiriirta soofaynta caqliga, afayntiisa iyo nadiifintiisuna waxay waxgaradka iyo sharfanayaasha agtooda ka tahay derajo sharafeed.

Deeqsinnimadaa leh deeq iyo sharaf buuxda

Waxaad naftaada caado uga dhigtaa deeqsinnimada. Ogow, deeqsinnimadu waa labo: qofku in uu ku deeqo waxa gacantiisa ku jira iyo in uu ka deeqtoomo waxa dadka gacantooda ku jira.

In qofku ku deeqo waxa gacantiisa ku jiro ayaa ay ku badan tahay oo ay u dhawdahay in uu faanku galo. In uu faraha ka qaado waxa ay dadku haystaan ayaana u baraxtiran sharafta, ugana fayoobi iyo hufnaan badan wasakhowga.

Haddii uu labadaa kulmiyo oo uu wax bixiyo, dhawrsadana, hadde wuxuu ka farabuuxsaday deeqsinnimadii iyo sharaftii.

Xaasid ha noqon

Waxaad ku mintiddaa waxa aad naftaada dhibka iyo caddibka kaga dhawraysid in aysan noqon xaasidnimo.

Xaasidnimadu waa dabeecad gunnimo. Gunnimadiisa waxaa ka mid ah in uu ku larmo [oo uu haleelo] kan ugu dhow iyo kan ka sii dhow ee qaraabada, ayniga, macaarifta, akhyaarta guud iyo walaalaha.

Waxa aad xaasidka kula dhaqmaysid ha noqdo in uu ogaado in marka aad ugu fiican tahay ay tahay marka aad la joogtid mid adiga kaa fiican iyo in ay dheef wacan kuu tahay in qofka aad dhaqanwadaagga tihiin ee aad isdhexgalka leedihiin uu yahay mid kaa aqoon badan oo aad aqoontiisa ku soo halqabsatid, uu yahay mid kaa xoog badan oo xooggiisa kugu daafacaya, uu yahay mid kaa xoolo badan oo aad xoolihiisa nafacsatid, uu yahay mid kaa sumcad fiican oo aad wejigiisa wax ku heshid, uu yahay mid kaa diin fiican oo aad hagaagsanaantiisa ku kororsatid hagaagsanaan.

Cadowgaaga sida aad u la dhaqmaysid

Waxyaabaha aad uga baarandegaysid arrimaha cadowgaaga iyo xaasidkaaga ha ka mid noqdaan in aad ogaatid in aanay waxba ku tarayn in aad cadowgaaga ama xaasidkaaga u sheegtid in aad cadowgiisa tahay oo markaana aad sidaa ugu digtid, aadna ogaysiisid dagaalkaaga ka hor inta aadan u diyaar garoobin oo aadan fursad u helin, sidaana aad ugu riixdid in uu isu kaa hubeeyo, oo aad dabkiisana isku hurisid.

Ogow, in ay heerkaaga u weyn tahay in cadowgaagu uu arko in aadan cadow u haysan oo waxay ku tahay kedo iyo waddo aad ka ga adkaan kartid. Haddii aad ka adkaatid oo aad kartid in aad cadaawaddiisa iska cafisid halkii aad ka aargudan lahayd, hadde halkaa ayaad derajo weynidaadii dhammays ka sii dhigtay.

Haddii se aad cadaawadda iyo dhibta ka aarsanaysid waxaad iska ilaalisaa in aad cadaawadda qarsoon ka ga aarsatid cadaawad muuqata, cadaawadda khaaska ahna mid guud, oo taasi waa xadgudub.

Sidaa oo ay tahayna waxaad ogaataa in cadaawad walba aan ayada oo kale laga ga aarsan, sida khiyaanada oo la gu ma aarsado khiyaano, tuugannimadana tuugnimo.

Xeeladaha aad cadowgaaga u adeegsanaysid waxaa ka mid ah in aad la saaxiibtid saaxibbadii, la na walaalowdid walaalihii, oo aad kala dhex gashid si aad u kala gaysid, ay isu caayaan, ayna isu nacaan jeer ay taasi gaarsiiso in ay kala go'aan oo ay asaga la colloobaan, oo dee ma jiro qof wax dhagri yaqaanna oo diidaya in uu ku la walaaloobo haddii aad ka doontid. Haddii cadowgaaga walaalihi aysan ku jirin qof wax dhagri kara, hadde cadowba ma lihid.

Adiga oo sii wata ka aammusidda cayda cadowgaaga, ha iska deyn in aad tirakoobtid dhimaalka cadowgaaga, ceebihiisa iyo in aad galdaloolladiisa dabagurtid jeer aanay kaa fadaqoobin wax yar iyo wax weyn toonna, adiga oo aan waxyaalahaas ka faafinayn si uusan isa ga kaa ilaalin oo uusan kuugu diyaargaroobin ama in aad ku sheegtid meel aan booskeedii ahayn sida qof leebkiisa cirka u taagaya ka hor inta aanay toogtii u suuroobin.

Lacnadda iyo cayda ha ka dhigan hub aad cadowgaaga ka la hortagtid, illeen ma ay dhaawacayso naf, derajo, xoolo, iyo diin toonna.

Haddii aad doonaysid in aad noqotid kaarto badane, ha jeclaan in lagu gu magacaabo kaarto badane. Qofkii lagu barto kaarto badni si muuqata ayaa loo dhagraa, dadku way iska ilaaliyaan, oo xataa waxaa iska dhiciya tabarlaawayga, kan xoogga ahna waa uu u soo banbaxaa.

Xeeladda ruuxa danlaha ah waxaa ka mid ah in uu dantiisa duugo intii karaankii ah, jeer la gu aqoonsado dhaqan cafis iyo toosnaan ah. Waxaa xeeladihiisa ka mid ah in uusan dhagrin waxgaradka toosan ee ogsoon baahiyihiisa qarsoodiga ah si uusan ugu caroonnin.

Haddii aad doonaysid badbaado, waxaad qalbigaaga dareensiisaa haybadda arrimaha ayada oo aanay haybaysigu kaa muuqanayn si aanay dadku naftaada u fahmin ee aysan kuugu dhiirran oo aanay ku la soo aadin wax walba oo aad ka haybaysanaysid. Waxaad xayn taladaada ka mid ah u uruursataa maaraynta arrimhaas leh qarinta haybaddaada, muujinta dhiir-ranaantaada iyo sahashigaaga.

Haddii lagugu jirrabo la dagaallanka cadowgaaga waxaad khilaaftaa tubtaan aan kuu tilmaamay ee ah dareemidda haybadda iyo muujinta dhiirranidaada iyo sahashigaaga, waxaadna ku dedaashaa digtoonida, dhabnimadaada, dhiirranaanta qalbigaaga jeer ay qalbigaaga ka buuxiso dhiirranaan, hawshaaduna ay isugu biyashubato digtooni.

Waxaad ogtaa in cadowgaaga ay ku jiraan qaar ka shaqaynaya halaaggaaga, qaar ka shaqaynaya hagaajintaada iyo qaar ku hawlan in ay kaa fogaadaan. Haddaba ku ka la aqoonso heerarkooda.[8]

Awoodda ugu weyn ee aad cadowgaaga ka ga adkaan kartid, hiiliyayaashaada kan kuugu guulaysiin xooggan waa in aad tirakoobtid ceebaha naftaada iyo galdaloolladaada si la mid ah sida aad u tirakoobtid tan cadowgaaga, aadna isweydiisid ceeb walba marka aad ka aragtid ama aad ka maqashid dadka : ceebtaas iyo wixii la mid ah miyaan tolow sameeyay mise waan

---

8   Waxaa ay daabacaad kale u dhigtay sidaan: Waxaad ogtaa in cadowgaaga ay ku jiraan qaar aad ka shaqaynaysid halaaggooda, qaar aad ka shaqaynay-sid hagaajintooda iyo qaar aad ku hawlan tahay in aad iska fogaysid. Hadd-aba aqoonso heerarkooda.T

ka badbaaday? Haddii aad samaysay wax uun ka mid waxaad ku dartaa wixii aad iska tirakoobaysay. Markii aad dhammaantood tirakoobtidna, cadowgaaga ka ga adkow hagaajinta naftaada iyo gefafkaaga iyo in aad iska gufaysid galdaloolladaada, aadna iska xakamaysid meelaha lagaa toogan karo.

Subax iyo habeenba sidaa naftaada ku hawl. Haddii aad ka dareentid in ay taa iska celinayso ama ay sahlanayso waxaad naftaada ku tirisaa tabarlaawayad lunsan oo hawllowsan, cadowgaaga kuu foolxumaynaysa oo u suuragelinaysa in uu ku toogto.

Haddii ay ceebahaaga iyo galdaloollooyinkaaga ay ka mid noqdaan waxyaalo hore oo aadan hagaajin karin oo ay dadku ku gu ceebaynayaan adna aadan ceeb u arag, xafid kuwaan iyo wixii uu qof ka oran karo abtirsigaaga ama foolxumooyinkii waalidiintaa ama ceebihii walaalkaa, ka dibna dhammaantood u soo jeeso, waxaadna ogaataan in cadowgaaga uu kuwaa kugu soo weerarayee, ha moogaan in aad u diyaargarowdid, awooddaada iyo caddaymahaagana aad u diyaarsatid si qarsoon iyo si muuqataba.

Wixii baaddil ah qalbigaaga ha u gilgilin, ha na ku mashquulin, oo inta uusan dhicin belo kuu ma aha, haddii uu dhacana waa uu baabba'aa.

Markhaatiyaal caaddiliin ah

Waxaad ogaataa in ay dhif tahay in qof lagu kediyo wax uu naftiisa ka og yahay-asaga oo quudarraynayay in uu dadka ka qariyo, markaana uu qofi ku ceebeeyo hoggaamiyaha agtiisa ama qayrkii, jeerkaan aan ku sigan in ay ku maragfuraan waxa markaa ka muuqanaya wejigiisa, labadiisa indhood iyo carrabkiisa iyo niyadjabka iyo qaboobidda kediska ah. Tan iska ilaali oo iska yeelyeel, u na diyaargarow in ay ku gu soo kediso, waxaadna u hawlgashaa u diyaargarowga sidii aad isaga moosi lahayd.

Iska jir jacaylka dumarka

Ogoow, waxyaalaha ugu hallayn badan diinta ninka, jirkiisa ugu noojin badan, xoolihiisa ugu gubid badan, caqligiisa ugu dhib badan, shaqsiyaddiisa ugu liidid badan, uguna dedejin badan luminta habyaddiisa iyo xurmadiisa in ay tahay shabeelnaagoodnimada. Musiibada ku dhacda ninka daba yaaca dumarka waxaa ka mid ah in uu kahdo waxa uu haysto oo uu u hanqaltaago kuwa ka maqan ee ay indhiisu qabtaan.

Dumarku waa isu ekayaal. Waxa indhaha iyo qalbiga lagu arko ee inta aan laga aqooni ay ka badan tahay inta laga yaqaanno waa uun bug iyo sirid. Mayee, in badan waxa uu qofku ku nacayo waxa uu haysto ayaa ka wacan waxa ka maqan ee ay naftiisu u hanqaltaagayso ee ay baafinayso.

Ninka ka baydadaya tan gurigiisa joogta ee u hanqaltaagaya tan guryaha kale joogta waxa uu ka dhigan yahay sida nin raashinka gurigiisa u nacaya guryaha kale raashinkooda oo kale. Maya e, dumarka ayaa isaga ekaan badan isu ekaanta raashinka oo inta raashinka xaafaduhu isdheer yahay oo uu ku kala fiican yahay ayaaba ka badan inta ay dumarku isdheer yihiin.

Waxyaalaha la la anfariiro waxaa ka mid ah in nin aan talo xumayn uu haweenay lebbisan ka arko meel dheer, deetana uu laabta gashado quruxdeeda iyo bilicdeeda asaga oo aan arkin, loogana warramin, ka dibna uu ka naxo in ay foolxumo iyo qaabdarro halkii ugu dambaysay ay tahay, oo uu ku waansami waayo, dhiggeedana uu ka go'i waayo, sidaana uu ku noqdo qof ku mamman wax uusan dhadhamin, jeer haddii dunida aanay ku harin hal dumara mooyee cid kale uu isdhaho waxay leedahay wax uusan wax la mid ah weli dhadhamin. Waa tan doqonnimada, guuldarrada iyo maangaabnimada la sheegaba.

Qofkii aan naftiisa ka goyn, ka baydadin oo aan ka fogayn

cunnada, cabbidda, iyo haweenka xilliyada uu u baahan yahay ee uu awoodo qaarkood, waxa ugu yar ee uu ciribxumadeeda ka la kulmayo waa in macaankaasi ka go'o oo ay baahidiisu danto, wixii jirkiisa ku kaakicinayayna ay tabar dhigaan.

Way yar tahay in aad aragtid qof aan naftiisa sirayn oo marka arrimaha jirkiisa la joogo aan ku gaadayn cunnadiisa, cabbiddiisaa, iscaatayntiisa iyo dawadiisa; marka shaqsiyaddiisa la joogana hawadiisa iyo baahinafeeddiisa; marka la joogo diintiisana shakhiga, shubuhaadka iyo damaca.

Isdhuldhige noqo, murankana iska ilaali

Haddii aad awooddid in fadhi kasta, maqaam walba, hadal walba, aragti kasta iyo fal walbaba aad isdhigtid ka sokow booskaagii, samee. Dadku in ay ku geeyaan meel ka sarraysa halka aad isdhigtid, golaha aad ka fogaatay in ay kugu soo dhaweeyaan, in ay kuu weyneeyaan si aadan adiguba isu weynayn, in ay hadalkaaga iyo eraygaaga u qurxiyaan si aadan adigu u qurxin, intaa ayaaba quruxdii ah.

Ha u bogin aqoonyahanku haddii uusan aqoon booska mowduucyada uu yaqaan, ha na u bogin shaqaaluhu haddii uusan aqoon halka uu ka shaqaynayo. Haddii hadalka mar lagaaga adkaado, yaan aammuskana lagaaga adkaan, oo waxaa laga yaabaa in uu yahayba labadooda kan kuu qurux badan, kan gacaltooyada kuu soo jiidi og, haybaddaada dhawri og, xasadkana kaa ilaalin og.

Muranka ka digtoonoow oo ka dhac, muran ka cararkuna yuusan kuu diidin dood wanaagga.

Ogow, murmaaye waa mid aan rabin in uu wax barto iyo in wax laga barto toonna. Haddii uu qof ku andacoodu in uu baaddilka xaq ku daafacayo-hadde qofka doodaya haba noqdo mid xujo cad haysta oo maankiisu soo jeedo e, waxa uu la doodayaa cid aan garsoore ahayn, garsoorihiisa aanay dooddiisa asaga mooyee cid kale ka caddaalad samaynaynna waa caddaaladda qofka uu la doodayo iyo caqligiisa. Haddii uu ka dugaashanayo ama uu ka filayo saaxiibkii caddaalad uu naftiisa ku xukumayo, hadde tubtii qummanayd ayuu qaaday. Haddii uu filashadaa la'aanteed la hadlana waa uu murmay.

Haddii aad kartid in aadan walaalkaa naftaada uga sheegin wax kuu qarsoon adiga oo ka gaws haysta, filayana falkaa wanaagsan oo kale in uu sameeyo ama u diyaarinaya in uusan ka gaabin fal loo baahan yahay mooyaayne, hadde samee.

Ogow, falku waxa uu hadalka dheer yahay qurux, hadalkuna waxa uu falka dheer yahay foolxumo, arrintaan in aad xakamaysid oo aad isu dheellitirtidna waa sifooyinka dhifta ah.

Samirku waa uu sahlaa hawlaha

Haddii ay hawluhu iska kaa gaaraan ka warwareegiddooda ha ka dayin raaxo, oo raaxaba heli maysid jeer aad dhammaysid, in aad u adkaysatid uun baana kaa dabcinaysa, dhibsigooduna way iska kaa gaarsiinaysaa oo keli ah.

Naftaada ka ilaali arrin aan ku arkay dadka shaqeeya qaarkood, taas oo ah in ayada oo uu qofku shaqo hayo ay shaqo kale u timaaddo ama uu u yimaaddo qof mashquuliya oo uusan jeclayn in uu dibmariyo[9], deetana ay hawshaasi ka labto wixii uu faraha ku hayay iyo waxa dib uga yimid, sidaana uu midkoodna ku ebyi waayo. Haddii ay taas oo kale kugu dhacdo, taladaada iyo caqligaaguba ha kuu joogaan-illeen ayaga uun baad ku kala dooranaysaaye. Deetana, waxaad doorata labada hawlood tooda mudan in aad waqtiga gelisid, ayada ku mashquul jeer aad dhammaysid. Wixii ku dhaafay iyo wixii kaa dibdhacayna yaanay wax weyn kula noqon marba haddii aad taladaasii hoggaan ka

---

9 Waxay daabacaad kale weedhaan u dhigtay sidaan: ama uu u yimaado qof mashquuliya oo uusan jeclayn imaanshihiisa'.T

dhigatay, hawshaadana aad marinkeedii marisay.

Wax walba oo aad qabanaysid u yeel heer aad filaysid in aad gaariddiisa awood u yeelanaysid oo aad ebyi kartid.

Yoolka ha dhaafin

Ogowna, haddii aad cibaadada heerkeedii aad dhaafisid, gaabis baad noqon doontaa; haddii aad aqoonta xambaariddeeda heerkeedii dhaafisidna jaahiliinta ayaad ka daba tegaysaa; haddii isku kallifidda qancinta dadka iyo isuliididda aad danahooda ugu fududaynaysid aad heerkeeda dhaafisidna waxaad noqonaysaa qof lagu xoonsan yahay oo qawtalax ah.

Ogow, siismooyinka qaarkood waa gunnimo, carrabdheerida qaarkeed waa aafo, aftahamada qaarkeed waa afgaroocnimo, aqoonta qaarkeedna waa jaahilnimo. Haddaba, haddii aad awooddid in siismadaadu aanay noqon liidasho, aftahamadaaduna dhacdhac, aqoontaaduna jaahilnimo, hadde sidaa yeel.

Inta wanaagsan ee wacadaraha leh warka ka qabo

Ogow, waxaa ku soo maraya warar aad u bogtid oo ama soojiidasho gaar ah leh ama heer saraba ah. Haddii aad u bogtid waxaad mudan tahay in aad xafiddid, oo wixii soojiidasho leh oo loo bogo xifdintoodu waa sahalo. Waxaadna ku dedaali doontaa in ay dadku u bogaan, u bogitaanka in lagu dedaalana waa dhaqan aadane, wax walba oo aad u bogtidna qayrkaa u bogi mayaan.

Haddii aad mar ama laba faafisid ee aad aragtid in booska uu warkaasi kuu joogo uusan dadka ku dhegaysanaya u joogin, ka joogso in aad mar dambe ku celisid-ileen u bogsanaanta wax aan loo bogin waa macnabeel daran e. Waan aragnay qof shay ku dhegaya oo aan shaygaa iyo ka sheekayntiisa ka joogsanayn, sida ay u yar tahay asxaabtiisu in ay aqbalaanna aanay u diidayn in uu ku noqnoqdo.

Haddana, iska eeg wararka yaabka leh oo iska ilaali, maadaama war raadintu ay tahay dhaqan aadane, weliba wararka kuwooda yaabka leh. Badi dadku waxay ka sheekeeyaan waxa ay maqlaan, umana aabayeelaan cidda ay ka maqleen, waana arrin runtana hallaysa, garashadana hoos u dhigta.

Haddii aad awooddid in aadan ka sheekayn war aad rumaysan tahay mooyee, welibana aad ku rumaysay caddayn, sidaa yeel. Sida maangaabku dhahaan ha oran: Wixii aan maqlay baan dee sheegayaa. Sababtuna waa in beentu ka badan tahay waxa aad maqashay, maangaabkana ay ka buuxaan kuwa sheegaya. Haddii aad noqotid ruux warka caammada ka qabta oo ka soo qaada, hadde waxa aad qabanaysid ee aad ka soo qaadaysid waxay laallaabyo badan ka badanaya wararka ay falkiyaan beenlowyadu.

Cidda aad la saaxiibaysid

Iska eeg qofka aad la saaxiibaysid ee ku dheer xil ama heer ama aan intaa midna ahayn ee leh: aynigaa, macaariftaada iyo walaalahaa. Waxaad naftaada ku jarabartaa in saaxiibtinnimadiinna aad ku aqbashid in aad cafisid ee aad saamaxdid wixii aad fahmi weydid ee xaggiisa kaaga yimaada, adiga oo aan canaanayn, daahsanayn, dheeraadna aan doonayn. Waayo? Canaantu waxay goysaa gacaltooyada, kororsiguna waa hunguri xumo, ku qanacsanaanta cafiska iyo u dhaafidda habdhaqankiisana waxay kuu dhawaysaa wax walba oo ay naftaadu u hanqaltaagayso ayada oo ay kuu dhawran yihiin sharaftii, gacaltooyadii, iyo dadnimadii.

Ogow, waxaa lagugu imtixaamayaa duul maangaabyo ah, maangaabka qaladkiisuna wuxuu asaga kaa tusayaa cuqdad uu kuu qaado, oo haddii aad ka hor timaaddid ama aad la tirsatid waxaad noqonaysaa qof raalli ku ah gefkii uu kuula yimid e, iska dhawr in aad ku dayatid. Haddii waxaasi ay wax xun kuu yihiin, xumaantooda ku muuji in aadan la tirsan. Laakiin haddii aad caydid ee aad la tirsatid, hadde arrintaasi kuuma toosna.

Dadnimo mooyee wax kale qof ha ku la saaxiibin

Qofna ha kula saaxiibin wax isku falid la'aan, xitaa haddii aad weheshatid ee uu yahay walaal qaraabo ama walaal gacaltooyo, ama waalid ama ilmo. Sababtuna waa in dadka wax isku fala in badan oo ka mid ah ay furfurnaanta iyo taraarixiddu ay ku keento in ay macaarif badan kula saaxiibaan qaab loogu dhiirrado, lagu liido iyo xushmad la'aan.

Qofkii saaxiibkii ka waaya kula socoshada dadnimadii, xurmadeedii iyo weynaanteedii, waxay qalbigiisa ku beertaa sahlasho iyo in heerkiisu hoos u dhaco.

Ha doondoonin in aad saaxiibkaa kaga adkaatid eray walba iyo aragti kasta, ha na ku dhiirran in aad ku jugaysid guushaadu marka ay caddaato, dooddaaduna ay meelmar noqoto. Oo waxaa jira duul jecel in ay adkaadaan, maangaabnimadooduna ay keento in ay erayga ka dabatagaan markii la illaawo, deetaana ay xujo u raadiyaan, oo ay iskula liqdaaraan saaxiibbadood. Waa maangaabnimo iyo dhaqan gumeed.

Sharfiddee ayaa loo bogaa

Ha u bogin sharfidda qofkii kugu karaameeya heer aad gaartay ama xil aad haysid, ileen xilku waa kan arrimaha adduunka ugu dhammaan og e. Ha u bogin sharfidda qofkii hanti kugu karaameeya oo adduunka waa shayga xilka ku soo xiga ee durba baabba'. Ha u bogin qofkii kugu sharfa qabiilkaaga, oo qabiilku waa kheyr la isku ammaano kan dadkiisa ugu waxtar yar diin iyo adduunyaba.

Laakiin haddii lagugu sharfo diin ama dadnimo, middaas u bog, oo dadnimadu aduunka kaaga guuri mayso, diintuna aakhiro kaaga guuri mayso.

Fulaynimada iyo damacu waa dil iyo qaditaan

Ogsoonoow in fulaynimadu ay tahay qurgooyo, damacuna qaditaan. Waxaad ka fakartaa wixii aad aragtay ama aad maqashay: dadka dagaalka ku dhintay ayaga oo soojeeda miyaa badan mise kuwa ayaga oo sii cararaya ku dhintay? Ka fakar: ma qofka ku gu doonaya qurux iyo deeq ayaa mudan in aad naftaada doonistiisa ugu deeqdid mise qofka ku gu doonaya kibir iyo hallowsani?

Ogsoonoow qof walba oo aad u bogsan tahay ee ay cidi xumaan ku sheegto adna aad wanaag ku sheegto in aanay waxba tarayn, maya e, laga yaabee in ay taasi dhibto. Yaanay ku gu la fududaan sheegsheegidda saaxiibka ama cadowga meel aan ka ahayn goob difaacid iyo ilaalin. Saaxiibku haddii uu goobta daafaca ku gu kalsoonaado dan u ma uu galo wixii aad ka tagtay ee intaa ka soo haray, wadiiqo uu ku gu eedeeyana u hari mayso.

Arrimaha cadowgaagana waxyaabaha ugu go'aan adag waxaa ka mid ah in aadan ku xusin meel aad ku dhibaysid mooyaane iyo dhibtiisa yar in aadan dhib ka soo qaadin.

Wixii lagaa sheego iska ilaali

Ogow, qofku in uu dulqaad badane noqdo ayaa la arkaa oo markaa damaca uu ka qabo in ay dadku ugu yeeraan kartiile iyo cabsida uu ka qabo in liitaa la gu sheego ay ku riixdo in uu jaahilnimo isku kallifo.

Waxaa la ga yaabaa in uu qofku noqdo deggane oo markaa damaca uu ka qabo in loogu yeero in uu yahay aftahan iyo baqdinta uu ka qabo in afgarooc la gu tilmaamo ay ku riixaan in uu ku hadlo hadal aan meesha qaban oo markaa uu macnedarro noqdo.

Kuwaan iyo wixii la mid aqoonso oo giddigoodba iska ilaali.

Sharaf hufan iyo cisi waara

Haddii ay ku la soo gudboonaadaan laba arrimood oo aadan ka la garanayn kooda qumman, waxaad eegtaa kooda doonistaada u dhow oo khilaaf, illeen qummanaanta badideed waxay ku jirtaa in hawada la khilaafo.

Qalbigaaga ha ku kulmaan u baahashada dadka iyo ka kaaftoonkoodu, waxa aad uga baahan tahayna ha noqdaan hadalka in aad u dabcisid iyo in aad u dhoollabiraysid. Ka deeqtoomiddaaduna ha noqoto hufidda sharaftaada iyo waaridda milgahaaga.

Sida aad dadka ula joogaysid

Qofna habkiisa mooyee si kale ha u la fariisan, oo haddii aad doonaysid in aad jaahilka cilmi ku la kulantid, qallayfkana fiqi, afgaroocana aftahamo, ma kororsanaysid wax aan ahayn in aad aqoontaada dayacdid, qofka kula fadhiyana aad ku dhibtid in aad duudka u saartid wax uusan aqoon iyo in aad ku murugo gelisid wax ayada oo kale uu la murugoodo qofka aftahanka ah ee la hadlaya cajamiga aan waxba ka fahmayn.

Ogow in aanay jirin aqoon aad ku sheegto meel aanay dadkeedii joogin oo aanay ceebayn, la collaytamin, ku gu diidin, dedaalna gelin sidii ay u ga dhigi lahaayeen jaahilnimo, xitaa in badan oo ka mid ah cayaaraha iyo dheesha oo ah waxyaalaha dadka ugu sahlan ay yimaadaan dad aan aqoon oo markaa inta ay ku cuslaato ayaa ay ka murugoodaan.

Saaxiibkaa ha ogaado in aad u turaysid asaga iyo saaxiibbadii, waxaadna iska ilaalisaa haddii uu qof kula dhaqmo ama uu ku la saaxiibo in uusan kaa waayin adiga oo u dhimrinaya qof ka mid ah saaxiibbadii, walaalihii iyo adeegayaashiisa oo taasi qalbigiisa ayaa ay meel ka taabataa. U dhimrinta saaxiibkaa saaxiibkii ayaa agtiisa uga ga wacan in aad asaga u dhimrisid.

Iska ilaali qof murugaysan agtiisa in aad ku faraxdid, waxaadna ogaataa in uu u cuqdadoobo qofka faraxsan, uuna u mahadceliyo qofka tiiraanyaysan.

Waxaad ogaataa in aad fadhiwadaaggaaga ka maqli doontid talo iyo sheeko aad ka didaysid, aad yasaysid, aadna maagaysid ciddii iska sheekaynaysa ama qayrkeeda ka sheekaynaysa e, yaanay kaa dhicin beeninta iyo yasidda waxa uu fadhiwadaaggaagu sheegayo, yaanay taasina kugu dhiirrigelin in aad dhahid: qayrkii buu ka sheekeeyay. Oo dee qofkii warka lagu celiyaba waa uu ka gawsqabsadaa in la gu afceliyo. Haddii ay meesha joogaan cid aad ka baqaysid in uu hadalku qalbigooda galo, gef ka dhasha aad ka baqaysid ama in ay ka timaaddo dhib cid loo gaysto, hadde waxaad awooddaa si hoose in aad warkaa u burisid, taasaana u sahlan burinta, ka na fog in ay nac keento.

Deetana ogow, in nacu yahay cabsi, gacaltooyaduna nabadgalyo e, adiga oo aammusan gacaltooyada badso, oo aammuska ayaa kuugu habarwacaya. Haddii aad hadashid war wanaagsan ku hadal, oo hadalka wanaagsani waxa uu kordhiyaa gacaltooyada saaxiibka, wax uuna siibaa kulka cuqdadda.

Waxaad ogaataa codka oo hoos loo dhigo, xasilka farxadda, iyo sosocdka dhexdhexaadka ah in ay ka mid yihiin waxyaalaha gacaltooyada beera haddii aan lagu larin isla weyni iyo isu bogid. Isu bogidda miyaa? Waxay ka mid tahay waxyaalaha keena carada iyo naca.

Lataliyuhu saxnaanta damiin ka ma aha

Ogsoonoow, in la taliyuhu uusan ahayn kafaalaqaade, taladuna aysan ahayn wax dammaanad leh, maya e, talo dhammaanteed waa kedo, sababtuna waa in hawlaha adduunka midkoodna aan la gu kalsoonaan karin, iyo sidaa oo kale in waxeedii uu heli karo kartiiluhu uu tabarlaawayguna heli karo, maya e, waxaaba laga yaabaa in kartiilaha ay noojiso wax u suurooba tabarlaawayga. Haddii uu saaxiibkaa talo ku siiyo, natiijaduna ay noqon weydo sidii aad filaysay, eed iyo canaan ha ugu jeedin taa oo ha dhihin: sidaan adaa ii galay, adiga ayaa i amray, la'aantaa ma sameeyeen, dhib ma leh oo maanta ka dib baanan ku addeecayn. Intaan oo dhan waa dhirif, liidasho iyo salfudayd.

Haddii aad tahay kan talada bixiyay oo uu warkaagii qaatay ama uu ka tegay oo ay saxnaantaadu soo ifbaxdo, ha ugu mannasheegan oo sheegsheeggeeda ha ka tan badin haddii ay guuli ka timid, ha na ku canaanan haddii iska dayntiisii ay dhibi ka timid, sida in aad dhahdid: miyaanan ku oran sidaa yeel? Miyaanan yeelin? Oo tani way ka durugsan tahay edebta murtilayda.

Dhegaysiga wacan

Baro dhegaysiga wanaagsan, sida aad hadalka wanaagsan u baranaysid oo kale. Dhegaysiga wanaagsanna waxaa ka mid ah in aad qofka hadlaya u kaadisid jeer uu hadalka dhammaysto, yaraanta u hollashada jawaabta, wejiga iyo indhaha oo qofka hadlaya la gu aaddiyo, iyo in loo miyirqabo waxa uu leeyahay.

Waxaad ogaataa in waxyaabaha aad saaxiibkaa ku la hadlaysid ee ka mid ah waxyaalaha foolxumaynaya waxa aa uu saaxiibkaa samanayo, oo ka qaadaya dhadhanka iyo dheeha, aqbalkiisana hoos u dhigaya in ay tahay ku degdegiddaada ka hor inta uusan asagu kuu sheegin.

Si walba, waxaa dhaqan xumada ka mid ah in qofka la ga boobo hadalkiisa, asaga oo wata in lagu bushiyo, iyo in hadalka la ga jaro.

Dhaqammada ka tegiddoodu ku gu bannaan tahay waxaa ka mid ah in haddii uu qof kaaga sheekaynayo sheeko aad garanaysid aadan la baratamin, aad u furin haddii ay ku istaagto, aadan la wadaagsan, jeer aad dadka u muujisid in aad doonaysid in ay ogaadaan in aad og tahay waxa uu og yahay oo kale, wax culaab ahna ma leh haddii aad ugu tahniyadaysid oo aad asaga u daysid. Tani waa mid ka mid ah irdaha dhabcaalnimada, irdaheeda qarsoonna waa ay badan yihiin.

Haddii aad la joogtid duul aan aftahamo iyo codkarnimo lahayn, iska daa in aad iska ga sarraysiisid aftahamada iyo codkarnimada.

Ogow, in digtoonida qaar ay kaaga hiiliso waxa aad ka digtoon tahay, isdhawridda qaarkeedna waxa aad iska dhawraysid.

Saahidnimadu waa sidee

Haddii aad isu aragtid in naftaadii ay adduunyadu la yaraatay ama ay kuugu wacdo in aad ka saahiddid adiga oo aanay xaaladdaadu kuu suuragelinayn, ha ku kadsoomin xaaladdeedaas, oo ma aha saahidnimee, waa noogis iyo nasasho doon, iyo naftaadii oo doorsoontay markii ay adduunyadu ku tabarbeelisay iyo caro aad u qaadday wax uun ka mid ah oo ay kaa meermeerisay. Haddii aad u dhammaysid diiddadeeda, aadna ka joogsatid dalabkeeda waxay degdeg naftaada kaa tusinaysaa dhirif iyo argagax laballaabyo ka daran dhirifkaagii hore. Haddii se ay kuu gu yeerto in aad adduunka isdiidsiisid ayada oo baacsanaysa, ka yeeliddeeda u degdeg.

Fadhiwanaagga iyo fadhixumada

Ceebahaaga aqoonso, iska na jir in aad qof ku sheegtid wixii ba'saday! Haddii qof lagaa ga soo sheego dhaqan, ha u daaficin sida qof naftiisa difaacaya, ayna la yar tahay waxa ay dadku ku ceebaynayaan oo markaana ayada oo kale lagugu tuhmo. Ha ugu celceshan si buuxda. Wixii kaa dhacaya ha kaaga dhacaan meel aanay rag iyo haween isku milnayn oo isku milnaantaas waxyaabaha shakiga xaqiijiya ayaa ay ka mid tahay.

Haddii aad la joogtid koox ka tirsan duul, jiil dadka ka mid ah ama ummad ummadaha ka mid ah ha ka dhexaysiin cay iyo aflagaaddo, oo ma garan kartid in ayba dhici karto in qayb fadhiwadaaggaaga ka mid ah aad sharaftooda meel uga dhacaysid, oo markaana aadan ka ammaan helayn abaalintooda ama aad u la kastid sidaa darteedna maangaab lagugu sheego. Sidaa oo ay tahayna ha caayin magac rag iyo mid haweenay toonna oo aad dhahid: kani waa mid ka mid ah magacyada foosha xun, oo ma ogid in magacaasi uu waafaqayo magacyada ehelada iyo xaasaska qaar ka mid ah fadhiwadaaggaaga.

Waxyaabaahan middoodna ha yaraysan, dhammaantood way dhaawacaan qalbiga, dhaawaca carrabka ayaana ka daran dhaawaca gacanta.

Waxaad ogaataa in ay dadku nafahooda ku khiyaanaan u banbixidda iyo dabin ku ridka dadka ayaga oo ka dayaya ceebahooda, xumaantooda, iyo halka ay u liitaan, intaa oo dhanna qofkii maqla waa ay uga caddahay qorraxda barqada . Haddaba, intaa miiddoodna ha ku kedsoomin, naftaadana ehelkeeda ha ku darin.

Waxaad ogaataa in arrimaha kala daata qaarkooda ay ka mid yihiin digtoonida, sidoo kalana ay ka mid tahay wax la dhaho tabardarro. Haddii aad awooddid in ka fogaanshahaaga arrinka uu noqdo inta aadan samayn, hadde sidaa samee; taa ayaa digtooni ah, ha quusin oo markaa ka dibna aad ka cabsatid, tan ayaana ah tabardarro-illeen murtiiluhu webi ma dhexgalo jeer uu ogaado inta moolkiisu jiro.

Waxaan fadhixumada ka ogaannay in ay qofka ku cuslaato barwaaqada uu saaxiibkii ku arko, dabeetana si uu ugu wiirsado yaraysashada xaaladda saaxiibkii iyo si uu uga calwiyo nimcada ayaa uu uga sheekeeyaa adduunyada baabba'eeda, fasahaadka, iyo isbedbeddelka xaaladaha sidii oo uu yahay waaniye. Taasi ka ma ay qarsoona cidda uu ula jeedo iyo qayrkeedba. Hadalkiisa ma uusan dhigin booskii waanada, wuxuu se saaray heerka ka dhirfidda barwaaqada iyo in uu isu murjiyo oo uu ku raaxaysto waxaan raaxo ahayn.

Waxaan kaaga sheekaynayaa saaxiib sida aan u arko dadka oo dhan ii gu la sarreeyay. Waxa ugu weyn ee si u araggayga ku weyneeyay waxa ay ahayd sida ay adduunyadu u la yarayd. Waxa uu ka cayntay maamulka calooshiisa, oo ma uu daneeyo wax uusan helayn, marka uu helana ma badsado. Waxa uu ka baxsaday xukunka xubintiisa taranka, oo wax la ga shakiyo ugu ma uusan wixi jirin, talo iyo tabarna uma uusan fududaysan jirin. Waxa uu ka baxsaday awoodda carrabkiisa oo wax uusan aqoon ma dhihi jirin, wax uusan ogaynna ku ma uusan murmi jirin. Waxa uu ka baxsaday xukunka jaahilnimada oo ma uusan dhiirran jirin asaga oo aan dheefta ku kalsoonayn.

Badi xilliyadiisa waa uu aammusnaa, marka uu hadlana waxa uu ka sarrayn jiray inta hadlaysa oo dhan.

Waxaa la arki jiray asaga oo la tabaryaraysto oo la liido, marka ay dhabta gaartana waxa uu ahaa aar cartamaya.

Ma uusan geli jirin dacwo, muran ka ma uusan qaybgeli jirin, caddayntiisana ma uusan bixin jeer uu arko garsoore caaddil ah iyo markaahtiyaal wada caaddil ah.

Qofna ku ma uusan eedayn jirin wax ayada oo kale ay cudurdaar leeyihiin jeer uu ogaado cudurdaarkiisu waxa uu yahay.

Wuxu ahaa qof aan xanuunka u sheegan cid aan ka ahayn kan uu ka filanayo bogsashada.

Wuxuu ahaa ku aan la tashan cid uu waano ka filayo mooyee cid kale.

Wuxuu ahaa qof aan dhirfin, aan dhibsan, aan hamuun qabin, oo aan caban.

Wuxuu ahaa qof aan u caroon xilhayaha, cadowgana aan moogganaan, naftiisana aan walaalihi ka sokow ku gooni yeelin wax uun ahmiyad siintiisa, xeeladaysigiisa, iyo awooddiisa ah.

Haddaba, joogtee dhaqammadaan haddii aad awooddid-ma na awoodaysid e, laakiin wax yar oo la ga qaato ayaa ka wacan in la ga wada tago.

Waxaad ogaata in dabaqadaha adduunka ay ugu fiican tahay dabaqad aan kuugu tilmaami karo: cidda aan is ka la sarraysiin kuwa liita, kuwa sarreeyana aan hoos uga soo dhicin.

www.ingramcontent.com/pod-product-compliance
Lightning Source LLC
Chambersburg PA
CBHW031130020426
42333CB00012B/305